RESET
IMAGE MAKING

리셋 이미지 메이킹

지희진 저

양 성 원

Prologue

敎學相長 (가르칠 교, 배울 학, 서로 상, 클 장)
교학상장 가르치고 배우면서 함께 성장한다는 뜻이다

배워 본 이후에 자기의 부족함을 알 수 있으며, 가르친 후에야 비로소 어려움을 알게 된다. 그러기에 가르치고 배우면서 더불어 성장한다고 하는 것이다.

배움이 깊을수록 겸허해지기에 책을 집필해보면 학문이 아무리 깊다고 하여도 자신이 미처 알지 못하는 부분이 적지 않다는 것을 알게 된다.

책을 집필하면서 교학상장으로 거듭 성장하였다.

한 개인을 매력적으로 만들어 주는 예의범절과 매너·에티켓은 밝고 명랑한 사회를 실현하며 나아가 국가 이미지를 만드는데 초석이 된다. 긍정적인 코리아 브랜드를 만들기 위해서는 세계인들이 바라보는 우리의 모습을 객관화하여 살펴보고 한국인의 현 모습을 재조명하여 서로 다른 문화적 측면을 이해하고 존중하는 성숙된 태도가 필요하다.

본 책은 직장에서는 활용서로, 대학에서는 교재로 사용할 수 있도록 각 Chapter별로 내용을 설정하고 기본예절은 물론 다양한 나라의 매너와 이미지를 향상시킬 수 있도록 실습 위주로 구성하였다.

제1부에서는 이미지메이킹 이론으로 이미지메이킹, 첫인상, 글로벌 문화, 커뮤니케이션으로 구성하였다. 지구촌시대의 타문화를 이해하여 동양예절과 서양매너의 문화적 차이를 습득하고 비언어적·언어적 커뮤니케이션에서는 언어 사용과 표정, 인사, 자세동작 그리고 첫인상의 중요성에 대하여 다루고 있다. 그리고 현 시대 산업에서 중요한 서

비스 커뮤니케이션을 이해할 수 있도록 하였다.

제2부에서는 이미지 메이킹 실제로 비즈니스 매너, 테이블 매너, 패션 코디네이션을 다루었다. 전반적인 비즈니스 매너로 명함, 악수, 소개, 전화 응대, 메신저 작성과 상석 그리고 경조사 예절과 선물 매너, 음주문화와 공공 매너, 한국 음식 예절과 각국의 테이블 매너를 다루었으며, 퍼스널 컬러, 패션과 스타일링, 헤어와 메이크업 그리고 신뢰감 주는 용모 복장을 다루었다. 이를 통해 준비된 예비 사회인으로 거듭날 수 있다

마지막으로 이 책을 활용하는 방법은 이론에만 그치는 것이 아닌 직접 행동으로 실천하고 호감주는 이미지가 되도록 메이킹하는 것이다. 지구는 한가족 글로벌 시대에 예와 매너를 갖춘 경쟁력 있는 이미지로 이 사회에 유익한 인재가 되기를 소망한다. 부디 대한민국의 문화가 서로를 배려하는 진정한 선진국이 되길 기대하며 대한민국의 젠틀맨은 여러분이다.

에필로그의 마지막 단락을 써 내려가는 지금,

아직도 원고의 부족함으로 덧칠하고 싶은 마음이지만, 출판에 적극적으로 도움을 주신 양성원 출판사 관계자분들께 감사를 전하며 원고를 마무리한다. 책이 나오기까지 많은 노고를 아끼지 않은 김병관대표님께 감사드리며 올곧이 서재에 불을 밝힐 수 있도록 응원과 격려를 아끼지 않은 부모님을 한없이 사랑하고 존경한다.

2022년 3월

By 지희진

차례

제2부 이미지 메이킹 실제

Image
Making

제1부
이미지 메이킹 이론

1장 이미지 메이킹

2장 첫인상

3장 글로벌 문화

4장 커뮤니케이션

1장
이미지 메이킹

1. 이미지 정의와 인식

- 이미지란 감각 대상에 대해 감지된 정보가 마음속에서 정보처리의 과정을 거치며 재구성되어 만들어지는 형상이자, 어떤 사람이나 사물에 대한 가지는 시각상이나 기억, 인상, 평가 및 태도의 총체이다.
- 영상으로부터 전해져 오는 느낌과 그 느낌에 대한 인식주체의 확신은 실재하는 것을 뛰어 넘을 만큼 강력한 영향력을 발휘한다(Image is Stronger Than Reality).
- 한 사람의 개인 이미지(Personal Image)는 시각적·청각적·감각적 단서를 통해 인지할 수 있는 직접적이며 즉각적인 외적 이미지와 보다 근본적이고 장기적이며 경험적 인식체계를 통해 인식되는 그림 이상의 저력을 갖는 내적 이미지로 구성된다.
- 어떤 사람을 생각할 때 떠오르는 형체, 표정, 음성, 말투, 옷차림, 성격, 헤어스타일, 자세, 걸음걸이, 얼굴 생김새 등 그 사람에 대한 많은 생각들과 감정들이 모인 것이다.
- 자신이 갖고 있는 이미지 중 장점을 부각시키고 단점을 보완하여 타인에게 긍정적

이고 차별화된 이미지를 만들어 내는 것이 이미지 메이킹이다.

- 한 사람의 이미지를 인식하는 단서는 알버트 매러비안(미국 캘리포니아대학 심리학과 교수) 차트에 따르면 '시각적 요소(태도, 표정, 제스처 등)' 55%와 '청각적 요소(어조, 억양 등)' 38%, '언어(말의내용 등)' 7%이다. 즉, 시각적 요소가 가장 중요하다.

여기서 잠깐

- **이미지(image)[명사]**

마음속에 그려지는 사물의 감각적 영상(映像). 심상(心象).

1 이미지가 경쟁력

미래학자 짐 데이터(Jim Dator)는 일찍이 정보사회 다음에는 '드림 소사이어티(Dream Society)'가 온다고 설파했다(≪조선일보≫, 2007.1.8). 데이터에 따르면 드림 소사이어티는 꿈과 이미지에 의해 움직이는 사회다. 그는 경제의 주력 엔진이 '정보'에서 '이미지'로 넘어간다고 주장한다. 산업사회에서는 재화와 서비스의 기능적 가치가 경제의 중심이었다면 정보화 사회에서는 정보가, 미래 지식사회에서는 상징적 가치가 중심 역할을 담당한다는 것이다.

충분히 일리 있는 주장이다. 데이터의 말을 빌리지 않더라도 우리는 이미 이미지와 불가분의 관계를 맺으며 살고 있다. 우리의 일상을 보자. 아침에 눈을 떠서 움직이다가 저녁에 잠자리에 들 때까지, 우리가 의식하지 못할 뿐이지 이미지와 무관한 것이 없다. 아침에 화장을 하고 무슨 옷을 입을까 고민을 하는 것은 스스로의 만족을 위한 것도 있겠지만 누군가 타인의 시선을 의식한 행동이다. 우리가 만일 어느 누구도 없는 외딴섬에 떨어져 홀로 살아간다면, 굳이 남의 눈을 의식하는 행동은 하지 않을 것이다.

이미지란 이처럼 다른 사람의 눈, 관점에서 바라보는 것에서 시작한다. 우리의 의식 여부와 상관없이 우리는 이미 이미지 경쟁의 시대에 살고 있다. 조직이나 사회생활을 하면서 상대방으로부터 호감을 얻기 위해 노력한다면, 그것이 외모 관리에 의한 것이든 지적 활동에 의한 것이든지를 가리지 않고 모두 이미지 관리 노력이라고 할 수 있다.

이미지 관리는 이제 정치인과 같이 특정 영역이나 계층에 종사하는 사람만의 일이 아닌 시대가 되었다. 예전에는 가수는 노래 잘하고, 운동선수는 운동 잘하고, 선생은 열심히 공부하고 잘 가르치는 것만으로도 인정을 받았다. 하지만 지금은 시대가 달라졌다. 소관 분야의 전문성은 기본이고, 거기에 이미지 관리를 잘하는 사람이 성공 가도를 달릴 수 있는 시대가 된 것이다.

기업조직은 이미지 관리의 중요성에 누구보다 일찍 눈을 떴다. 제품을 생산하는 기업들은 오랫동안 양질의 제품을 저렴하게 파는 것에 승부수를 걸었다. 제품의 질이 좋고 가격까지 저렴하다면 소비자들을 충분히 공략하고 경쟁 기업의 제품을 압도할 수 있을 것으로 믿었고, 실제로 그랬다. 그러던 기업들이 이제는 제품을 판매하기 위한 1차원적 광고를 뛰어넘어 기업 이미지를 높이기 위한 공익성 캠페인 광고로 눈을 돌리는 경향이 증가하고 있다. 기업의 사회적 책임(CSR, Corporate Social Responsibility)이라고 불리는 다양한 사회봉사 활동에도 많은 기업들이 관심을 갖고 적지 않은 투자를 하고 있다.

제품 마케팅 경쟁을 해도 살아남기 힘든 세상에 얼핏 보면 자원 낭비처럼 보일 수 있는 이러한 일들에 기업이 몰두하는 것은 그들이 뭘 몰라서가 아니다. 기업이 평소에 이미지를 관리하며 평판을 쌓아가는 것은 긴 안목에서 상품 경쟁력 제고에 보탬이 될 뿐만 아니라, 조직이 위기에 처하는 비상상황이 발생했을 때 천금 같은 동아줄 역할을 할 수 있다는 믿음의 결과다. 이 역시 이미지 관리 영역에 관한 것이다.

비단 개인이나 기업뿐만 아니다. 국가도 이미지 경쟁에 뛰어들고 있다. 국가가 이미지에 관심을 기울이기 시작한 것은 오래되지 않았다. 산업화 시대에는 군사력과 경제력 등 소위 하드파워(Hard Power)를 가지고 국제 간 경쟁을 하는 것이 지배적이었다. 국가 간 문제가 생기면 정부가 나서서 외교라인 등 공적 채널을 통해 문제를 풀어 가는 방식이 일반적이었다.

그러다가 미국이 당한 9·11 테러에서 보듯이 한 나라가 군사력과 경제력만으로 영향력을 행사하는 시대가 지나갔다. 물론 하드파워의 중요성을 무시할 수는 없지만, 그에 못지않게 문화와 가치 등 눈에 보이지 않는 무형의 힘이라고 할 수 있는 소프트파워(Soft Power)에 많은 나라들이 주목하기 시작했다.

국가 간 문제를 해결하는 방식도 민간 차원의 비공식 채널인 이미지 외교(Public Diplomacy)의 중요성과 효과가 공적 채널 못지않게 강조되는 시대가 되었다. 한 나라의 의사결정이나 여론 형성 구조가 다원화되면서 공적 영역 못지않게 민간 분야의 역할이 한층 중요해진 결과다. 이러한 인식의 변화가 확산되는 가운데, 한 나라의 이미지가 추상적인 개념이 아니라 경제적·비경제적으로 중요한 효과를 발휘한다는 것이 확인되면서 국가 간 이미지 경쟁이 가열되기 시작했다. 이를 좀 더 구체적으로 살펴보면, 이미지가 좋은 국가의 제품은 그렇지 못한 국가의 제품보다 20~30% 이상 높은 가격을 받을 수 있다는 여러 실증 결과가 경제적 측면에서 국가 이미지 경쟁을 촉발시켰다고 할 수 있다. 그러나 비단 경제적 효과만을 겨냥한 것은 아니다. 한 국가의 이미지가 좋다는 것은 국제사회에서 해당 국가의 영향력이 그만큼 커진다는 의미이자 자국민의 자존심을 높이는 일이라는 점도 중요한 고려 요인이었다.

이처럼 개인에서부터 기업, 국가에 이르기까지 다방면에 걸쳐 이미지의 중요성이 대두되자 이미지를 바라보는 시각도 달라지고 있다. 이미지에 관한 연구는 서구 철학사에서 오랜 뿌리를 갖고 있지만 오랫동안 이미지는 감각적 현상에 관한 것이고 이성과의 대립 과정에 의해서만 평가되는 주변적 가치로 인식되었다. 하지만 오늘날 이미지(Image)와 상상력(Imagination)의 위상은 180도 달라져서 인간이 갖고 있는 가장 원초적인 능력이자 이성의 발달조차 상상력의 활동 위에서 이루어지는 것이라는 인식이 널리 퍼지고 있다(홍명희, 2005).

2 이미지를 '관리'한다는 것

이미지가 개인이나 기업, 나아가 국가에 이르기까지 중요한 것이라면 어떻게 해야 긍정적인 이미지를 만들고 유지할 수 있을까. 만일 이미지가 주어진 것이고 바꾸거나 조정의 여지가 전혀 없는 것이라면 이미지가 아무리 중요하다고 하더라도 속수무책일 것이다. 그러나 이미지는 '관리(Management)'가 가능하다고 많은 전문가들이 주장한다. 이미지를 관리할 수 있다는 것은 우리의 노력 여하에 따라 얼마든지 이미지를 변화시킬 수 있음을 의미한다.

이미지의 관리는 몇 가지로 나눌 수 있다. 만일 어떤 개인이나 조직이 고유 이미지를 아직 갖고 있지 못하다면 새로운 이미지의 창출이 이미지 관리라고 할 수 있을 것이다. 만일 고유 이미지를 갖고 있으나 부정적인 이미지가 강하다면 이를 긍정적으로 바꾸거나 적어도 중립적 위치에 갖다 놓는 것이 이미지 관리가 될 것이다. 어떤 조직이 중립적 위치에 있다면 이를 긍정적으로 전환시키는 것도 이미지 관리다. 아울러 어떤 조직이 소비자나 수용자로부터 이미 긍정적인 이미지를 얻고 있다면 이를 지속적으로 유지, 발전시켜나가는 것도 이미지 관리의 영역이라고 하겠다.

이미지 관리는 이처럼 부정적이거나 중립적인 이미지를 긍정적으로 전환시키는 것만을 의미하지 않는다. 어느 조직이나 개인이 이미 긍정적인 이미지를 축적해 왔는데 예기치 못한 위기로 인한 이미지 훼손을 미연에 방지하거나 피해를 최소화하는 일, 또 실추된 이미지를 조기에 회복시키는 일도 이미지 관리에 속하는 일이다.

그러나 위기로 인한 개인이나 조직의 이미지 훼손과 신속한 회복 문제는 주로 위기관리 커뮤니케이션 영역에서 집중적으로 다뤄지는 만큼 이 책에서는 주로 긍정적인 이미지를 창출하거나 유지, 발전시키는 데 초점을 맞추고자 한다.

[네이버 지식백과] 이미지가 이끌어 가는 미래 (이미지 관리, 2016.06.25., 유재웅)

3 개인 이미지 관리

'자기 PR'를 한다는 것은 자신의 이미지를 관리한다는 말과 크게 다르지 않다. 개인도 이미지가 경쟁력이 되는 시대가 되었다. 타인으로부터 호감과 신뢰를 얻는다는 것은 일차적으로는 개인의 영향력 확대를 의미하지만 조직에도 영향을 미친다. 특히 조직에서 책임 있는 위치에 있는 이의 경우에는 더욱 그러하다. 개인 이미지 관리에서 비언어 커뮤니케이션이 미치는 효과, 조직 최고책임자의 이미지 관리라고 할 수 있는 PI를 중점적으로 살펴본다.

1) 개인 이미지 관리 시대

이미지가 경쟁력이 되다 보니 기업이나 조직뿐만 아니라 개인도 이미지 관리에 신경을 쓰는 시대가 되었다. 외모 지상주의라는 사회적 비판에도 불구하고 강남 성형외과가 계속 번창하고 있는 것은 남녀노소를 불문하고 좀 더 나은 이미지를 만들기 위한 욕망의 표출이라고 하겠다.

이미지 관리는 특정 직업군에만 해당되는 것은 아니지만, 유권자의 표로 먹고사는 정치인이야말로 이미지 관리에 각별한 신경을 쓰고 있다. 정치인들이 이미지를 중요한 정치적 자산으로 여기며 관리 대상으로 삼고 있는 것도 그러한 이유에서다(최영재, 2006).

개인 이미지 관리를 어떻게 하는 것이 효과적인지에 대해서는 대상과 목적에 따라 다를 수밖에 없다는 점에서 단선적으로 언급하기 어렵다. 여기에서는 이미지 관리에 특별히 주의를 기울이고 있는 정치인을 중심으로 효과적인 이미지 관리 방안에 대해 국내외 선행 연구들이 제시하고 있는 연구 결과들을 정리한다. 비록 정치인과 일반인이 동일하지는 않지만, 상당 부분을 원용할 수 있기 때문이다.

현대사회는 정치 과정의 많은 부분이 미디어를 매개로 이루어지는 '미디어 정치(Media Politics)'가 보편화되면서 마치 이미지가 정치의 모든 것처럼 되어 버린 '이미지 정치(Image Politics)'를 만들어 내고 있다. 미디어와 이미지가 정치에서 중요한 요소로 작동되면서 정치 커뮤니케이션 체제에는 크게 두 가지 변화가 나타났다.

하나는 정치의 중심축이 정당 조직에서 정치인 개개인의 역할로 이동되는 현상이 나타났다. 선거에서의 투표행위는 물론이고 대통령이나 정책 수행 과정에서조차 정치인 개인의 이미지가 중요한 역할을 하게 되었다. 또 다른 변화는 영상 매체의 보급 확산에 힘입어 정치 커뮤니케이션의 중심축이 언어적 메시지에서 비언어적 메시지로 이동하는 현상이 발생했다는 점이다. 물론 연설과 토론, 기자회견 등에서 언급되는 정책과 이슈의 역할이 중요하나, 정치인의 표정과 목소리, 시선, 제스처, 패션, 무대 배경 등 비언어적 요소들은 정치인 개인의 축적된 이미지와 결합해 새로운 이미지를 창출하기도 하고, 때로는 언어적 메시지와 결합해 언어적 메시지의 효과를 증대 또는 훼손하기도 한다(최영재, 2006).

2) 비언어 커뮤니케이션 효과

비언어 커뮤니케이션에 관한 연구들을 보면, 언어적 표현과 동반되는 표정이나 제스처, 스타일과 같은 비언어적(Non-Verval) 행위가 사람들이 다른 개인을 인식하는 데 언어적인 메시지 못지않게 영향력을 발휘함을 보여 주고 있다(Argyle, Alkeman & Glimour, 1971; Mehrabian, 1981).

비언어적 커뮤니케이션 효과의 주요 분석 대상인 정치인 관련 연구를 중심으로 살펴보면, 로젠버그 등(Rosenberg et al., 1986)은 정치인의 사진을 이용한 실험연구에서 정치인의 외모가 해당 정치인의 이미지 형성뿐만 아니라 투표 의사에도 영향을 미친다는 사실을 밝혀냈다.

설리번과 매스터스(Sullivan & Masters, 1988) 연구는 정치인의 얼굴 표정이 정치인에 대한 유권자의 태도를 변화시킨다는 사실을 보고하고 있다. 1984년 미국 대통령 선거 당시 레이건 대통령과 민주당 후보들의 실제 비디오를 이용한 실험을 통해 이 연구는 정치 후보에 대한 태도를 변화시키는데, 즐겁고 자신에 찬 얼굴 표정에 대한 유권자의 감정적 반응이 정당 소속감, 정책 이슈에 대한 동의 정도, 지도력에 대한 인식보다도 강력한 영향력을 발휘했다는 것이다(최영재, 2006).

한편, 발언 과정에서 나타나는 목소리의 높이, 강도, 말의 빠르기 등 부언어(Paralanguage) 변인의 효과를 탐구한 칠코트(Chilcoat)는 1980년 미국 대통령 선거에서 카터와 레이건의 발언을 비교 분석한 결과, 레이건은 목소리의 높이, 강도, 말의 빠르기에서 우세를 보였고, 카터는 말의 멈춤이나 언어적 실수가 적었음을 발견했다. 그 결과 레이건은 역동적이며 목표가 있고 확신과 자신감에 차 있는 이미지를 유발하면서도 정보를 제대로 이해하고 소화시키지 못한다는 인상을 줬으며, 반면 말이 유창한 카터는 정보 이해 능력이 뛰어나고 유능한 이미지를 줬지만 역동성과 확신이 약하고 그다지 설득적이지 않다는 인상을 심어 줬다(최영재, 2006).

국내 연구에서는 정치인의 눈물이 주는 이미지 형성효과를 연구한 사례(최영재, 2005)가 주목된다. 최영재의 연구에 의하면, 정치인의 눈물이 따뜻하고 이타적인 개인 성품 이미지를 제고시키지만, 지도자 이미지와 정치인에 대한 호감에 부정적인 영향을 미친다는 사실을 밝혀냈다. 이 연구에 의하면 정치인의 눈물이 선거 승리와 같은 정치적 상승세일 때는 정치인에 대한 호감을 증대시키지만, 정치적 하강세일 때는 급속도로 호감을 떨어뜨리는 것으로 나타났다고 보고하고 있다.

정치인의 비언어적 메시지 효과 등을 살펴본 최영재(2006)의 또 다른 연구에 의하면, 정치인의 표정과 패션은 친근감, 중량감, 매력감 이미지에 영향을 주는 것으로 나타났다. 특히 캐주얼한 스타일과 웃는 표정이 정장 스타일에 권위적인 표정보다 정치인에 관계없이 긍정적인 이미지를 유발하는 것으로 나타났다. 표정-패션과 이슈 선택은 상호 작용을 일으켜 정치인의 친근감 이미지를 형성하는 데 영향을 미치는 것으로 나타났다. 정장 스타일은 어떤 이슈를 선택하든 별 차이가 없었지만, 캐주얼-웃음 스타일은 갈등보다 화합 이슈를 선택할 때 유권자로부터 친근한 이미지를 끌어낼 수 있었다는 것이다.

이처럼 언어적 커뮤니케이션 메시지 이상으로 영향력을 미치는 비언어적 커뮤니케이션 메시지가 구체적으로 무엇을 의미하는지는 학자들마다 여러 분류 방식을 제시하고 있으나 대체로 ① 물리적인 외형, 외모나 신체적 특징 ② 개인적 스타일과 표정, 말투, 행동 스타일, 시선 처리 ③ 돌출적인 행위와 폭력, 눈물, 졸도 등으로 나눌 수 있다(최영재, 2006).

4 이미지 메이킹과 이미지 관리 PR

우리가 흔히 사용하는 이미지 메이킹(Image Making)과 이미지 관리 PR의 관계를 살펴볼 필요가 있다. 흔히 양자를 비슷하게 보는 경향이 있지만 동일한 것은 아니다. 이미지 메이킹은 이미지 형성에 영향을 미치는 외형적인 요인들을 주로 개선시키기 위한 전략과 기술이라고 한다면, 이미지 관리 PR은 이를 포함해 보다 포괄적인 이미지 개선 커뮤니케이션 전략과 기술을 의미한다(최양호, 2006).

따라서 이미지 메이킹은 외모, 얼굴 표정, 제스처, 옷차림, 메이크업, 목소리, 에티켓 연출 등을 통해 상대방에게 호의적이고 긍정적인 이미지를 심어 주는 방안들을 주로 다룬다. 반면 이미지 관리 PR은 경청(Listening), 대화(Communication), 설득(Persuasion), 토론(Debate), 인간관계 구축(Networking) 방법 등 커뮤니케이션, 사회심리학적 이론 등에 바탕을 둔 전략과 전술, 프로그램, 사례들을 주로 학습한다(최양호, 2006).

5 PI

PI(Presidential Identity)란 최고관리자의 이미지를 부각시키고 그들의 활동에 초점을 맞추는 각종 마케팅 활동을 의미한다(박종민, 2008).

기업의 CEO, 정부 각 부처의 장관이나 대통령 등 조직의 최고책임자의 이미지 관리가 근래 특히 중시되는 것은 이들의 개인적 이미지 관리도 중요하지만, 이들의 이미지가 조직에도 직·간접적으로 커다란 영향을 미치기 때문이다.

PR에서 PI 연구는 리더십 연구가 중요한 연구 배경이라고 할 수 있다. 브리먼(Bryman, 1992)에 따르면 1940년대부터 1980년대까지 리더십 연구는 리더의 자질에 관한 연구에서 시작해 행동 이론 그리고 여러 가지 상황적 변인들을 포함한 리더십 상황 이론으로 발전하게 된다. 이어 1980년대부터는 리더의 비전과 정서적 반응 유도에 관계된 신경향 리더십 이론이 등장하게 된다(박종민, 2008).

이러한 리더십이 미치는 효과에 관한 그간의 연구들을 살펴보면, 조직에 대한 스테이크홀더(Stakeholder)의 인상 또는 이미지를 관리하는 데 있어서는 조직 책임자 등 리더가 중요하며(Gardner & Avolio, 1998; Gioia & Chittipedi, 1991; Pfeffer, 1981), 이미지를 관리하는 리더의 역량은 조직이 어려움이나 위기 상황에 처했을 때 종종 효력을 발휘하는 것으로 보고하고 있다(Coombs & Holladay, 2008; Ewen et al., 2013; McDonnell & King, 2013; Sosik, Avoilo, & Jung, 2002; Zavyalova, Pfarrer, Reger, & Shapiro, 2012).

PI의 중요성은 오늘날 선거에서 특히 잘 나타난다. 선거에서 매스미디어의 영향력이 커짐에 따라 정당 충성도나 정책 대안이 선거 결과에 미치는 영향력이 감소하는 대신 후보의 이미지 요인이 부각되고 있다(Harrison, et al., 1991; Tuckle & Tejara,

1983). 정치적 의사결정에 영향을 미치는 중요한 요인들 중 하나가 후보의 이미지인 셈이다. 유권자들은 심지어 후보자의 성격이나 성품뿐만 아니라 외모와 관련된 감정에 따라서도 정치인을 선택하거나 후보자가 제시한 입장을 따르기도 하기 때문이다(이준웅, 1998; 이효성·이상도, 2003).

이를 뒷받침해 주는 구체적인 사례로 제16대 대통령 선거 TV 광고에서 노무현 후보가 기타를 치는 장면이나 눈물을 흘리는 장면이 호평을 받았던 것은 이와 같은 감성적인 접근 방법이 노무현 후보의 인간적인 이미지를 강화하는 데 효과적이었기 때문이다(이동신 외, 2004).

[네이버 지식백과] 개인 이미지 관리 (이미지 관리, 2016.06.25., 유재웅)

memo

2. 이미지 구성요인

1 이미지 구성요소

1) 표정 이미지

- 표정은 눈과 입의 표정에 따라서 달리 표현된다.
  상대에게 호감도를 주기 때문에 얼굴의 눈, 입의 표정을 밝게 훈련하여 원만한 대인관계를 형성한다.

2) 태도 이미지

- 사람의 마음을 편안하게 해 줄 수 있는 것은 상대방에 대한 존중의 마음으로 자연스러운 태도이다. 가장 기본의 정중한 인사는 상대에 대한 예를 뜻하며 반가움을 주게 된다.
  태도는 인격을 나타내는 중요한 매체가 되므로 선 자세, 앉은 자세, 걷는 자세, 바른 자세와 말할 때의 제스처 등 자신의 이미지를 결정하게 하는 요인이다.

3) 화법 이미지

- 인간관계에서 말씨는 모든 행동의 기본이다. 우리가 지켜야 할 매너 중에서 말은 행동으로 표현되는 것이다. 바른 대화법으로 친절하게 대하며, 반갑게 인사말을 전하는 것은 그 사람의 인성과 인격을 전하는 중요한 역할을 한다.

4) 용모 이미지

- 외모가 상대방에게 호감을 줄 수 있는 정도는 개인의 특성과 성향에 따라 다르지만 단정한 용모와 복장은 상대에게 친근감과 편안함을 전달할 수 있다. 너무 요란

하고 화려한 이미지 연출로 타인에게 거부감을 느끼게 하지 않는 것이 좋다. 개인의 외모는 자신의 개성과 상황에 맞는 스타일로서 전체적인 조화로움으로 연출하는 것이 바람직하다.

〈그림 1-1〉 이미지 관리 요소

출처: https://blog.naver.com/imagegood79/220724199029

〈그림 1-2〉 이미지 메이킹의 구성요인

출처: https://blog.naver.com/anna333/222380974171

2 이미지 메이킹 7단계

1) 자신을 잘 안다(Know Yourself)

- 자신을 객관화함으로써 자신의 장점과 단점을 파악한다.

2) 자신의 모델을 설정한다(Model Yourself)

- 자신이 나아갈 방향을 설정할 수 있도록 모델을 선택하여 모방한다.

3) 자신을 개발한다(Develop Yourself)

- 자신이 설정한 목표의 완성을 위해 지속적으로 노력한다.

4) 자신을 연출한다(Direct Yourself)

- 자신의 이미지를 상황과 대상에 맞춰 표현한다.

5) 자신을 포장한다(Package Yourself)

- 자신의 능력을 상품화하고 브랜드화하여 가치를 높인다.

6) 자신을 판매한다(Market Yourself)

- 자신의 가치를 인식시키고 이미지를 당당하게 보여 최상의 가치로 판매한다.

7) 자신에게 진실한다(Be Yourself)

- 상대방에게 진실한 마음으로 대함으로써 나에 대한 신뢰감이 충분히 형성되도록 한다.

3. 이미지 연출의 중요성

존 T. 몰로이의 저서 「성공하는 남자의 옷차림」에서 다음과 같이 자신의 실험내용을 기재하였다.

- 뉴욕시에 있는 어느 회사 사무실에서 그 회사 비서직 100여 명을 두 그룹으로 나눈 다음 배우에게 옷을 각각 다르게 입고 비서들로 하여금 줄을 바르게 서도록 정돈시켜 보라고 했다. 첫 번째 실험에서 배우는 굽이 없는 검은색 구두와 은으로 된 큰 버클이 달린 번쩍거리는 녹색 양복 그리고 값이 싼 넥타이를 착용했다. 배우의 명령에 따른 사람은 50명 중 20명이었다. 두 번째 실험에서는 같은 배우가 감청색 계열의 양복에 흰 와이셔츠를 입고 은빛의 넥타이에 굽이 있는 가죽 구두를 신고 머리 스타일을 단정하게 바꾸었다. 배우가 줄을 서도록 명령하자 두 번째 그룹의 50명 중에서 42명이 그 명령에 따라 줄을 섰다.

- 100명에게 상류층이 즐겨 입는 고급옷을 입힌 뒤 호텔 문으로 들어오는 다른 손님들과 동시에 걸어오게 했다. 손님들의 94%는 고급옷을 입은 사람에게 먼저 들어가도록 양보했다. 동일인물에게 허름한 옷을 입힌 뒤 똑같은 실험을 해 보았다. 손님의 82%가 양보하지 않았으며, 심지어 5%는 욕설까지 하는 경우도 있었다.

이는 단지 제품을 판매하는 기업이나 연예인 등 특수직업에 종사하는 사람들뿐만이 아니라 현대를 살아가는 우리들에게도 반드시 필요한 이미지 전략, 이미지 표현의 시대인 것이다. 그러므로 성공적인 대인관계를 위해서는 개인의 내면적인 품성은 물론 나아가서는 개인에게 적절한 이미지를 연출하는 것이 무엇보다 요구된다.

더불어 개인이 속해 있는 조직과 신분, 그리고 역할에 어울리는 자기 표현 기법을 체크하여 개인의 경쟁력을 향상시켜 성공적인 자기계발과 삶의 가치를 높이기 위해 자기 변화 과정이 필요하다.

존 T. 몰로이 (John T. Molloy) 1937년 1월 17일생

출처: 가장 성공한 패션 컨설턴트, 존 T. 몰로이 Dress For Success| 작성자 Adrian

memo

2장
첫인상

우리는 '어디서 많이 뵌 분 같아요', '인상이 참 좋으십니다' 하고 첫 만남 시 인사를 나누게 되면 자연스러운 인간관계를 시작할 수 있다. 그러나 상대의 첫인상에서 마음속으로 '너무 표정이 어둡잖아', '인상이 너무 차가워'라고 느껴지는 순간 대화를 통한 원만한 관계는 물론 맺음까지도 많은 시간이 소요된다. 호감을 주는 첫인상은 얼굴과 외모가 예쁘고 또는 멋있어서 결정되는 것이 아닌, 각자가 갖고 있는 자연스러운 아름다움을 어떻게 타인에게 잘 표현하느냐에 따라 이루어진다. 따라서 화난 듯한 슬픈 얼굴보다는 밝고 긍정적인 이미지를 심어줄 수 있는 첫인상을 만들어 내는 것이 중요하다. 타인에게 호감을 주는 첫인상을 만든다는 것은 대인관계에서 매우 큰 장점으로 작용하게 되며, 원만한 인간관계의 첫걸음이 되기도 한다. 그러한 첫인상이 바로 몇 초 안에 이루어진다는 점에 더욱 유의할 필요가 있다. 왜냐하면 인식된 이미지를 바꾸기 위해서는 많은 노력을 기울여야 하기 때문이다.

1. 첫인상 효과

처음 대면하는 극히 짧은 시간에 그 사람에 대한 평가와 결론을 내리는 것으로, 처음 보는 사람에 대해 갖는 최초의 이미지이자 타인에게 자신을 개방하는 최초의 단계이다. 사회조직 속에서 개인 또는 사회적 상호작용에 중요한 역할을 한다. 첫인상에서 상대의 이미지가 어떤 식으로든 인식이 되면 계속해서 강력한 영향력을 행사하고 이후의 관계 형성에 키 포인트가 된다.

1 초두(初頭)효과

첫 만남부터 상대방에 대한 평가를 시작하고 대부분 즉시 그 사람의 가치와 능력에 대한 판단을 첫인상을 보고 내린다. 어떤 사람에 대한 상반된 정보가 시간 간격을 두고 주어지면 앞의 정보가 뒤의 정보보다 인상 형성에 더 큰 영향을 미친다는 이론이다. 먼저 받은 정보, 즉 첫인상이 이미지 형성에 더 큰 영향을 준다.

2 후광(後光)효과

한 가지 긍정적인 특징을 지니고 있는 사람은 다른 긍정적인 특성들도 모두 지니고 있을 것으로 일반화시켜서 생각하는 경향이다. 호의를 느끼면 상대방이 보여주지 않은 측면도 좋게 평가하지만 싫어하는 사람은 모든 것을 부정적으로 생각하게 된다.

2. 첫인상 중요성

- 우리는 왜 키 크고 잘생긴 남자에게 반하는가? 예쁜 여자에게 더 호의적인가? 우리는 누군가를 만날 때 단 몇 초 만에 상대방을 평가하고 또 평가받기도 한다. 또한 번 보는 것만으로도 많은 것을 판단할 수 있다고 믿는다.
- 그렇다면 첫인상은 얼마나 정확하고 신뢰할 수 있을까? 우리의 기대와는 달리 심리학자들은 다양한 실험을 통해 첫인상의 허구성을 경고하고 있다.
- 첫인상! 과연 얼마나 믿을 만하며 그에 대한 함정과 오류를 비켜나가는 방법은 없는 것일까? MBC 스페셜 첫인상 프로그램은 깊은 관찰과 실제적인 사례를 통해 첫인상에 대한 새로운 시각을 제시하였다.

1 첫인상은 어떻게 만들어질까?

- 미국 다트머스대학 심리와 뇌 과학의 왈렌(Paul J. Whalen) 교수의 연구에 따르면 인상 판단에는 뇌의 편도체가 빠른 시간에 인상 형성 역할을 한다는 사실을 보여준다.
- 연구 결과 우리의 두뇌는 짧은 시간에 본능적으로 상대방에 대한 호감이나 신뢰를 판단하게 된다는 사실이다.

2 무엇이 첫인상 이미지를 만들까?

- 무엇으로 상대방의 인상을 판단하는가? 많은 사람들이 얼굴, 몸매, 표정, 더 나아가서는 목소리도 그 중 하나라고 얘기한다. 그렇다면 우리가 흔히 생각하는 매력적이며 호감이 가는 얼굴들은 어떤 특징을 지니고 있는지 또한 사람들이 선호하는 목소리의 특징, 신체적 특징, 그 사람의 태도나 옷차림에 따라 그 사람에 대한 호감도나 인상도 변하는지에 대해 생각해 보자.

③ 첫인상, 얼마나 믿을만 할까?

- 순간적으로 판단되는 첫인상은 과연 믿을 만한가?
- 미국 프린스턴 대학교 심리학과 토도로프(Alexander Todorov) 교수의 실험 중 하나인 「정치인의 첫인상이 선거에 미치는 결과」 연구는 첫인상에 대한 가설을 흥미롭게 제시해 준다. 실험 참가자들에게 두 장의 사진을 보여주고 '누가 더 유능한가'를 선택하게 한 결과, 놀랍게도 상원의원 후보의 70%, 하원의원 후보의 68%가 당선 적중률을 보여주었다.
- 이 결과는 사람들이 얼마나 인상을 통해 많은 것들을 그것도 짧은 시간에 판단하는지를 여실히 보여준다.

3. 표정

온유하면서 따뜻한 사람으로 기억되게 만드는 것은 미소이다. 좋은 첫인상의 시작은 미소 띤 얼굴에서부터 시작된다.

프랑스의 부모들은 자녀들에게 '네 얼굴은 너 자신을 위한 것이 아니라 주위 사람들을 행복하고 즐겁게 하기 위한 것이다.'라며 남을 불쾌하게 하는 표정은 일종의 공해라는 개념으로 타인의 심리에 긍정적 영향을 줄 수 있는 표정 만들기를 교육한다.

① 웃음의 효과

1) 웃음은 심장을 튼튼하게 한다

- 많이 웃는 사람들에게 심장병 발병이 적다는 연구 결과가 있다(영국, 로버트 홀덴).
- 놀람, 불안, 초조, 짜증 등은 교감신경을 예민하게 만들어 심장을 상하게 하는 반

면, 웃음은 부교감신경을 자극해 심장을 천천히 뛰게 하며 몸 상태를 편안하게 해 준다(스웨덴, 노먼 커즌즈 박사).

2) 하루 15초 웃으면 이틀을 더 산다

- 하루 15초씩 웃으면 수명이 이틀 더 연장된다는 연구 결과가 있으며, 하루 45분 웃으면 고혈압이나 스트레스 등 현대적인 질병도 치료가 가능하다(UCLA 대학병원, 프리드 박사).
- 환자가 10분간 통쾌하게 웃으면 두 시간 동안 고통 없이 편안한 잠을 잘 수 있다(스웨덴, 노먼 커즌즈 박사).
- 웃음은 순환기를 깨끗이 하고 소화기관을 자극하며 혈압을 내려준다[웃음은 '내적 조깅(Internal Jogging)'].

3) 웃음은 암도 물리친다

- 웃음은 병균을 막는 항체인 '인터페론 감마'의 분비를 증가시켜 바이러스에 대한 저항력을 키워주며 세포 조직의 증식에 도움을 주는 것으로 밝혀졌다(미국, 리버트 박사).
- 웃음을 터뜨리는 사람에게서 피를 뽑아 분석해 보면 암을 일으키는 종양세포를 공격하는 '킬러 세포(Killer Cell)'가 많이 생성돼 있음을 알 수 있다(미국, 리버트 박사).

4) 한 번 웃음은 에어로빅 5분 효과를 나타낸다

- 사람이 한 번 웃을 때의 운동 효과는 에어로빅 5분의 운동량과 같다(스탠포드대학, 윌리엄 프라이 박사).
- 사람이 한바탕 크게 웃을 때 몸 속의 650개 근육 중 231개 근육이 움직여 많은 에너지를 소모한다(스탠포드대학, 윌리엄 프라이 박사).

- 크게 웃으면 상체는 물론 위장, 가슴, 근육, 심장까지 움직이게 만들어 상당한 운동효과가 있으므로 웃을 때는 배꼽을 잡고 크게 웃는 것이 좋다(스탠포드대학, 윌리엄 프라이 박사).

5) 1분을 웃으면 10분의 운동효과가 있다

- 어린이들은 하루에 대략 4백 번을 웃는데, 어른이 되면서 하루 6번 정도로 줄어든다(영국, 통계자료).
- '웃음 요법(Laughing Therapy)'은 행복을 가져올 뿐만 아니라 건강도 가져온다고 한다(영국, 로버트 홀덴).

웃음과 유머 감각의 훈련과 숙달 방법

- 웃음의 효력에 대해 늘 생각한다.
- 라디오, TV, 신문, 비디오, 서적 등에서 유머를 찾으며 때로는 연구한다.
- 웃음노트를 준비하여 기록하고 활용한다.
- 유년기를 생각하며 좀 더 장난기 있게 생활한다.
- 지갑이나 수첩, 주머니에 유머를 넣고 다니며 다른 사람들을 웃기며 나도 웃는다.
- 즐거운 자리, 잘 웃는 사람들과 어울린다.
- 거울을 보고 내 자신을 보며 억지로라도 웃는 연습을 한다.

2 호감주는 표정 연출

우리의 얼굴은 80여 개의 근육으로 지어낼 수 있는 표정이 7천여 가지에 달한다. 80여 종의 근육 중 웃을 때 사용되는 근육이 50여 종으로 볼이나 입매에 집중되어 있지만 늘 웃는 사람도 20개의 근육을 모두 사용하지 못한다. 자신만의 얼굴 근육을 푸는 훈련을 통해 자연스럽고 상냥한 표정을 만들어보자.

③ 상대방을 바라보는 시선 연출

상대방을 바라보는 시선은 호의와 관심, 감정 등을 매우 빠르게 전달한다.

이에 시선에 따라 부정적인 느낌도 상대방이 빨리 알아차리게 되므로 주의하지 않으면 오해를 불러일으킬 수 있다. 사람을 만나서 제대로 바라보지 못하고 시선처리가 미숙하게 되면 자신감이 없어 보일 뿐만 아니라 상대방으로 하여금 저 사람은 대인관계에서 어려움이 있는 사람이라고 판단하게 할 우려가 있다.

- 눈에 힘을 주어 바라보는 것은 피해야 한다.
  상대방에게 부담을 느끼게 하며 힘주어 바라보는 사람은 의심이 많고 무엇인가 알아내려고 하는 의도를 가진 사람으로 보이기 쉽다.
- 상대방에게 불편함을 주지 않고 편안하게 바라보기 위해서는 상대방의 두 눈과 코를 연결한 삼각형 안에 시선을 머물게 하여 바라본다.

4. 인사

인사는 마음의 문을 여는 열쇠로서 예절과 매너의 시작이다.

① 인사

사람 인(人)자와 일 사(事), 즉 사람이 하는 일로서 서로 만나거나 헤어질 때 말이나 태도 등으로 존경, 인애, 우정을 표현하는 행동 양식이다. 인사는 인간 예절의 기틀로서 동양예절의 기본이며 인간관계의 시작이자 윤리 형성의 기본이다.

② 고유한 인사법 절

좌식 생활문화 속에서 발달해 온 절은 그 형식이 절을 받는 분의 지위나 연령, 상황에 따라 매우 다양하게 행해졌으나 현대에는 일반적으로 명절이나 가정의례 시에 절을 하고 있다.

공수자세

두 손의 손가락을 가지런히 붙여서 편 다음 앞으로 모아 포갠다. 엄지 손가락은 엇갈려 깍지를 끼고 집게손가락 이하 네 손가락은 포갠다. 아래 네 손가락은 가지런히 펴고 위의 손가락은 아래에 있는 손의 새끼 손가락을 지긋이 쥐어도 된다. 평상 시 공수할 때 남성은 왼손이 위로 가고 여성은 오른손이 위로 가며 남좌여우(男左女右), 흉사 시에는 그 반대로 한다.

3 상황에 맞는 비즈니스 인사

1) 인사

예절의 기본, 인간관계의 첫걸음으로 마음속으로부터 우러나오는 존경심과 친절을 나타내는 외적 표현이다.

2) 인사동작 포인트

- 등줄기를 곧게 편다.
- 손가락(남좌여우)은 가지런히 모은다.
- 동작은 하나하나 끊어 연결한다.
- 시작보다 마무리 동작을 천천히 한다.
- 자연스러운 눈맞춤을 한다.
- 스마일: 형식적인 인사에 그치지 않도록 밝고 자연스러운 표정전달을 한다.
- 눈맞춤(Eye Contact): 인사를 받을 상대와 눈을 마주친다.
- 인사말 $+\alpha$의 말: 밝은 목소리의 인사말을 하여 성의와 관심 표현을 한다.
- 허리 인사: 바른 인사 자세로 세련된 모습을 연출한다.

3) 피해야 하는 인사

- 표정이 없는 인사나 망설임이 느껴지는 인사
- 상대방과 눈맞춤이 없는 인사
- 숙임이 없이 말로만 하는 인사
- 인사말 없이 고객만 까딱하는 인사
- 턱을 쳐들고 하는 인사
- 긴 머리가 얼굴을 덮어 인사의 뒷정리가 잘 안 된 인사

5. 자세

① 선 자세

- 무릎은 힘을 주어 붙인다.
- 엉덩이는 힘을 주어 위로 당긴다.
- 배는 힘을 주어 앞으로 내밀지 않도록 한다.
- 등줄기는 꼿꼿이 편다.
- 가슴은 쭉 펴고 턱은 당긴다.
- 미소 지을 때 입 꼬리를 위쪽으로 향하여 윗니가 보이도록 한다.
- 시선은 정면을 향한다.
- 전체적으로 천장에서 당기는 듯한 느낌이 들도록 선다.

② 바르게 앉기와 일어서기

- 한쪽 발을 뒤로 당겨 균형 있게 앉는다.
- 여성의 경우 스커트 뒷자락을 한 손으로 잡고 앉는다.
- 다른 한 발을 당겨 나란히 붙여 비스듬히 내놓는다.
- 무릎과 발끝을 붙이고 손은 모아 무릎 위에 올려 놓는다.
- 어깨너머로 의자를 보고 의자 깊숙이 앉는다.
- 턱은 당기고 시선은 정면, 상대의 눈을 본다(항상 일어설 수 있는 자세로 한다).

③ 걷는 자세

- 어깨와 등을 곧게 펴고 시선은 정면을 향한다.

- 무릎은 곧게 펴고 배를 당기며 몸의 중심을 허리에 둔다.
- 턱은 당기고 시선은 자연스럽게 앞을 본다.
- 팔을 자연스럽게 흔들고 무릎은 스치듯 걷는다.
- 발 앞 끝이 먼저 바닥에 닿도록 하며 걷는 방향이 직선이 되도록 한다.
- 발소리가 나지 않도록 체중은 발 앞에 싣는다.
- 발을 끌어당겨 옮기기에 적당한 속도로 걷는다.
- 한 줄의 선 위를 걷는 것처럼 걷는다.

4 계단 오르기

- 상체를 곧게 펴고 몸의 방향을 비스듬히 하여 걷는다.
- 무게중심을 발의 앞 부리에 두어 소리가 나지 않게 걷는다.
- 올라갈 때의 시선은 15도 정도 위를 향하여 걷는다.
- 내려갈 때의 시선은 15도 정도 아래를 향하여 걷는다.
- 올라갈 때에는 남자가 먼저, 내려갈 때에는 여자가 먼저 내려간다.
- 스커트 착용 시에는 아래 사람을 의식해서 걷는다.

5 안내 및 방향지시

- 손가락을 가지런히 모아 바닥을 위로 하여 손 전체로 지시한다.
- 손등이 보이거나 손목이 굽지 않도록 한다.
- 어깨부터 움직여 팔꿈치를 굽히면서 가리키고, 팔의 각도로 거리감을 표시한다.
- 시선은 상대의 눈에서 지시하는 방향으로 갔다가, 다시 상대의 눈으로 옮겨 상대의 이해도를 확인한다.
- 우측을 가리킬 경우에는 오른손, 좌측을 가리킬 경우에는 왼손을 사용한다.

- 사람을 가리킬 경우에는 두 손으로 사용한다.
- 뒤쪽에 있는 방향으로 지시할 때에는 반드시 몸의 방향도 뒤로 하여 가리킨다.

6. 용모·복장

단정하고 상대방에게 호감을 주는 용모와 복장은 자신의 이미지는 물론 소속된 기업 이미지에도 영향을 미친다. 이처럼 우리는 대인관계를 할 때 외모나 차림새인 용모 복장으로 상대를 평가하는 경향이 있다.

첫인상은 용모와 복장으로 연결되고 전반적인 상대방에 대한 평가로 이루어져 나아가 관계를 지속할지를 평가하기 때문에 신뢰감을 주는 용모와 복장은 중요한 요소가 된다.

용모와 복장을 적절하게 잘 갖추었다는 것은 상황과 목적에 맞게 조화로운 이미지를 연출했다는 것이다. 원래 타고난 체형과 얼굴의 생김새는 바꾸기가 어렵지만 상대방에게 호감을 주는 용모와 복장은 충분히 개인의 노력과 관심에 따라 개선이 가능하다. 따라서 본인의 이미지를 향상 시켜주는 적절한 용모와 복장을 갖출 수 있도록 노력하는 마음과 자세가 필요하다.

1 호감 주는 용모·복장의 요건

- 청결: 예부터 우리나라 예절의 첫걸음은 몸을 깨끗하고 정결하게 하는 것으로 용모복장의 기본은 청결이다. 깨끗하고 청결한 몸은 상대방에게 호감을 주며 기분을 상쾌하게 해 준다. 그러므로 얼굴과 몸, 피부, 손, 수염과 머리 등을 청결하게 유지하며 나쁜 냄새(술, 담배, 음식, 지나친 향수와 화장품 등)가 나지 않도록 관리한다.

- 단정: 유행을 지나치게 따르는 맹목적인 화려한 복장은 지양하고 본인이 소속된 기업의 이미지가 향상되도록 효율적으로 갖추어 입는다. 또한 자신의 체형 치수에 잘 맞도록 어울리는 옷을 입는다.
- 품위: 고가의 비싼 옷보다는 자신의 인격과 소속된 기업의 이미지를 고려한다. 격식에 맞는 용모와 복장 차림은 유능하고 예의 바르며 자신감이 넘쳐 보인다.
- 조화: 때와 장소, 상황에 맞게 어울리는 용모와 복장을 한다. 결혼식이나 생일잔치 등 즐거운 곳에서는 밝게, 문병이나 조문을 갈 때에는 화려한 장식을 피하고 짙은 색 계열의 간소한 용모복장을 한다. 용모와 복장은 주위 환경과 조화를 이루는 것이 아름답다.

memo

3장
글로벌 문화

1. 타 문화 이해

- 지구촌 사회의 예절은 동서양 예절의 본질을 통합 절충하여 새로운 행동지침으로 마련되어야 한다. 개별성이 존중되는 동시에 타인과 화합이 가능하며 도덕적으로 질서 있는 사회를 이룰 수 있다.
- 개인보다는 공동체의 삶을 우선한다. 우리는 공공질서의 교육에 관하여 어려서부터 철저한 교육을 받지 못하여 실례되는 행위를 하는 경우가 많다. 따라서 공동체 지향적인 예절의 확립을 도모해야 할 것이다.
- 수평적이고 평등적인 예절을 지향한다. 즉 민족, 문화, 성 등에 따른 차별이 있을 수 없다.

  예를 들어, 동양의 가부장제 문화에서 남성이 여성보다 우월한 지위에서 과도한 대접을 받았던 데서 벗어나 서양 중세의 기사도 정신에서 유래한 레이디 퍼스트를 토대로 남녀평등한 삶을 추구한다. 이와 같은 평등한 인간관계를 지향할 때 비로소 형식적인 예절은 사라지고 마음으로부터의 존경과 사랑이 담긴 예의 참뜻을 실현시킬 수 있다.

- 다른 문화를 인정하는 의식구조의 선진화가 필요하다. 평소에 가까운 동료나 이웃에 대한 관심과 배려 및 외국 문화를 직접 체험하려는 거시적인 노력도 필요하다.
- 지구촌 표준에 맞춰 예절의 형식을 변형시킨다. 실제 우리들의 태도나 수준이 이에 맞춰지고 변화하고 있는지를 되짚어 볼 필요가 있다.
- 좋은 매너가 좋은 분별력을 만든다는 이야기가 있듯이 언제나 시간과 장소 그리고 상황에 맞게 말하고 행동하며 복장을 착용해야 한다.
- 예절을 실천에 옮긴다. 예절은 행위로 표시되며 행위는 지켜야겠다는 강한 의지를 가지고 실천에 옮길 때 가능한 것이다. 따라서 어려서부터 교육을 통해서 국제 매너가 몸에 배도록 습관화해야 하며 급변하는 사회 경제 환경에 따라서 교육이 매우 중요하다.

타 문화의 이해는 매너를 익히는 데 가장 기본이 된다.

동양인들의 무표정이나 애매한 미소, 서양인들의 과장된 표정과 표현들은 언어를 통한 차이와 얼굴근육 발달 정도에 따라 차이가 있을 수 있으나 한 나라만이 가진 종교, 관습을 포함하는 문화적 산물이라고 할 수 있다.

문화에는 우열과 선악 또는 나쁨과 좋음이 아닌 구성원들이 만들어 놓은 약속이다. 즉, 다른 문화권에 형성되어 있는 우리와 다른 가치관과 삶의 양식을 이해함으로써 세계 속의 글로벌 인재가 될 수 있을 것이다.

이처럼 한 개인을 매력적으로 만들어 주는 예절과 매너는 밝고 명랑한 사회를 실현하며 나아가 국가 이미지를 만드는 초석이 된다. 이러한 긍정적인 코리아브랜드 이미지를 만들기 위해 해야 할 가장 기본적인 것은 세계인들이 바라보는 우리의 모습을 객관적인 시각으로 한국인의 현 모습을 재조명하고 서로 다른 문화적 측면을 이해하고 존중하는 성숙된 매너인의 태도를 갖추는 일이다.

2. 매너, 에티켓, 예의범절

1 동서양 문화 발전 비교

1) 동양 문화 발전

- 동아시아 대륙에서 생성되고 발달한 대륙문명이다.
- 히말라야 산맥과 항해가 힘든 태평양 안에 지형적인 요소로 닫힌 세계 속에 농업이 발달(폐쇄적이고 보수적)했다.

  예) 국을 먹을 때 숟가락을 밖에서 몸 안쪽으로 떠서 먹는다.
- 자연에 귀속된 인간으로서 조화의 문화로 발전되었다.

  예) 자기소개 시: 소속회사–부서명–직위–이름 순으로 우리의 관계를 중시

2) 서양 문화 발전

- 지중해의 해양을 중심으로 발달한 해양문화이다.
- 지중해 바다를 항해하면서 열린 세계의 해항술이 발달(개방적)

  예) 수프를 먹을 때 숟가락을 안에서 밖으로 떠서 먹는다.
- 인간과 자연의 분리 개념으로서 개체를 중시하는 문화로 발전되었다.

  예) 자기소개 시: 자신의 이름을 먼저 말함으로써 나를 중시한다.

동양은 '나는 집단의 일원이다'라는 인식이 강한 반면, 서양은 나는 독립된 존재라는 가치관을 가지고 있다. 즉, 동양 문화에서는 먼저 내가 속해 있는 그룹이 있고 그 다음에 개인이 존재한다는 의식이 자연스럽게 형성되지만 그것이 결코 타 문화에도 적용되는 기준이 아니라는 것이다. 이처럼 다양한 타 문화를 이해하고 배려하는 가치관은 글로벌 시대의 경쟁력이 된다.

3) 동양 수직 문화

- 어른을 공경하고 자신의 자세를 스스로 낮추고 상대를 높이는 겸양의 형태이다(기본적인 예절-수직적인 문화).

  예) 인사: 상대방을 향해 몸을 숙여 상대에게 예를 행하는 수직적인 행동 형태
- 농경문화 발달: 탄수화물 음식이 주식이다.
- 식사 전개 방식: 총체적이고 통합적이어서 국그릇을 두고 여럿이 함께 식사를 함으로써 서로 간 관계를 형성한다.
- 식사 도구: 젓가락은 두 개의 작대기가 함께 한다는 공동의식

4) 서양 수평 문화

- 삶의 다양성과 평등, 창의력을 발달시킴으로써 자유로운 의사 전달방식의 형태이다(기본적인 매너-수평적인 문화).

  예) 악수: 서로 평등한 자세에서 등을 펴고 오른손을 맞잡고 위아래 흔드는 수평적인 행동 형태
- 유목문화 발달: 단백질 음식이 주식이다.
- 식사 전개 방식: 시간을 두고 순차적이고 체계적으로 개성이 강하고 존중하듯이 개인적이고 독립적으로 형성한다.
- 식사 도구: 포크와 나이프 한 개씩 존재한다는 개인주의

우리의 예절만을 고집해서는 곤란하고 세계인들과 더불어 사는 더 큰 사회에 적절한 글로벌 매너를 배우고 몸에 익혀 실천해야 할 필요성이 있다.

여기서 잠깐

나의 인식 스타일은? 학습한 내용은 중심으로 내가 얼마나 분석적 또는 전체론적인가 테스트하는 연습을 해 보자.

전혀 동의하지 않으면 1 / 강하게 동의하면 7
다음의 질문에 대해 어느 정도 동의하는지를 1부터 7까지의 숫자로 기입

- 현재 정직한 사람은 미래에도 정직할 것이다.
- 이 우주의 만물은 어떤 형태로든 서로 연결되어 있다.
- 사람의 행동을 이해하려면 그 사람의 성격뿐만 아니라 그 사람이 직면한 상황도 고려해야 한다.
- 현재 성공한 인생을 살고 있는 사람은 앞으로도 계속 순조롭게 살 것이다.
- 전체는 각 부분을 더한 것보다 크다.
- 미래의 사건은 현재 상황을 바탕으로 예측할 수 있다.
- 복수의 인간 사이에서 의견이 일치하지 않을 경우는 서로 양보해서 모두의 의견을 채용할 방법을 모색해야 한다.
- 극단적이 되기보다는 중립적인 입장을 취하는 편이 바람직하다.
- 전체상을 고려하지 않고 부분을 이해하기는 불가능하다.
- 디테일보다는 전체의 흐름에 주의를 기울이는 것이 더 중요하다.

– 40점보다 높으면 전체론적 인식 스타일, 점수가 낮을수록 분석적 스타일
– 미국과 유럽, 서양에는 좀 더 분석적인 성향의 사람이 많고 아시아권 동양에는 좀 더 전체론적 성향의 사람의 많다는 연구 결과
– 미국과 중국, 인도, 한국, 일본의 대학이 공동으로 '문화에 따라 인지 스타일이 어느 정도 차이가 생기는가라는 연구를 바탕으로 그 일부를 발췌

출처: 후쿠하라 마사히로. 하버드의 생각수업. 엔트리. 2014.

여기서 잠깐

● 매너(Manners)

❶ 정의

매너의 어원은 라틴어 마누아리우스(Manuarius)이다. 사람의 손이라는 의미 외에 사람의 행동·습관 등의 뜻을 내포하고 있다. 매너는 사람마다 가지고 있는 독특한 습관이자 마음가짐에서 나오는 몸가짐으로 인간의 행동양식을 의미한다.

❷ 기능

얼마나 세련되고 품위 있는 방식으로 행동하는가를 중시

● 에티켓(Etiquette)

❶ 정의

인간관계를 원활하게 하기 위한 규범으로 타인에 대한 마음의 형식이다. 상대방을 존중하고 상대방의 감정과 정서를 고려하며 상대방에게 호감을 줄 수 있도록 헤아리는 마음가짐의 행동기준이다.

❷ 기능

반드시 지켜야 하는 규범으로서 이것을 모르면 상류층으로 대접받을 수 없는 불문율
귀족 신분을 나타내주는 증표와 같은 것–궁정 출입증–궁정 예법으로 발전

● 예절(禮節)

❶ 정의

생활문화의 전통 속에서 형성된 도덕성에 근거한 사회적 질서규범 및 행동의 표준절차를 말한다. 예(禮)란 인간이 지켜야 할 규범이며, 절(節)이란 규범을 따라 실행하고자 하는 행위로서 예의범절(禮儀凡節)의 준말이다.

❷ 기능

자기 수양으로 자기 자신에 관계되는 것. 스스로 부단히 바르게 관리하는 정성스러운 마음
다른 사람과 관계되는 것. 타인과 바른 관계를 갖기 위해 공경하는 마음
우리 모두에게 관계되는 기능. 공동체 구성원인 모두가 밝고 명랑한 사회를 만들려는 마음

3. 세계 시민 매너

1 서양문화의 기초

1) 예약 제도

- 국제화 시대를 맞아 오늘날 예약이 모든 분야에서 보편화되어가고 있지만, 특히 서양은 전 과정이 예약으로 이루어진다 해도 과언이 아닐 정도로 예약문화가 발달되어 있다.
- 특히 미국의 경우 모든 생활은 '예약'에서 출발한다. 호텔은 물론이고 이발소, 미장원, 식당, 병원, 심지어는 자동차에 문제가 생겼을 때도 먼저 전화로 '예약, 부탁합니다'라고 예약을 해야 한다.
- 우리나라의 경우 아직도 예약이 필요 없게 되었을 때, 즉시 예약을 취소하지 않아 다른 사람도 쓰지 못하게 하는 경우가 많으므로 불필요시에는 이를 취소해야 할 의무가 있다.
- 예약제도의 정착에는 반드시 전제되고 준수되어야 하는 몇 가지 조건이 있다.

예약제도의 정착을 위한 전제 조건

- 평등성과 공평성의 원칙 동질의 서비스를 제공하는 조건하에서는 계급이나 신분, 지위고하를 막론하고 누구나 평등하고 공평하게 취급되어야 한다.
- 선착순 우선의 원칙 같은 조건하에서 예약순서에 따라 서비스가 우선적으로 제공되는 선착순 우선 원칙이 존중되어야 한다.
- 예약조건의 절대 존중 서비스 제공자나 이용자 모두가 자기의 책임과 의무를 다하려는 성실한 자세가 따라야 한다.

2) 팁(Tip) 문화

팁이란 신속한 서비스에 대한 사례로 주는 돈을 의미한다. 서양에서는 사례라기보다는 베푼 서비스에 대한 당연한 보수란 느낌이 더 강하므로 팁을 주어야 할 상황에서는 꼭 주어야 한다. 서양에서는 식당, 이발소, 미장원, 호텔 등에서 서비스에 대한 팁을 주는 것이 매너이다.

(1) 팁 주는 법

팁은 대개 지불할 금액의 10~20%가 보통이며 너무 적거나 많아도 안 좋다. 그러나 특수한 서비스를 요청했거나 심야, 조조에 서비스를 부탁했을 때는 조금 넉넉히 주어야 한다. 청구서에 서비스료가 포함되어 있을 경우에는 팁을 따로 주지 않아도 되나 잔돈 정도는 남기는 것이 스마트하다. 단, 터무니없이 많은 팁을 요구하는 경우에는 분명히 거절할 줄 알아야 한다.

3) 선물 문화

국제 비즈니스 시 합당한 이유 없이 주는 선물이나 접대를 거절하면 상대방에게 모욕을 주는 결과를 낳게 되며, 자칫 선물을 잘못 주면 다 이루어진 비즈니스를 깨뜨리는 결과를 낳기도 한다. 특히 지나친 고가의 선물은 상대방에게 뇌물의 성격으로 비춰질 수 있으므로 주의하고 선물을 주고받는 형식이나 방법도 중요하다.

(1) 선물은 간단한 것으로

받은 선물은 바닥에 놓지 말고 적당한 곳에 올려놓거나 그 자리에서 펴보고 감사의 뜻을 전한다. 무성의하다거나 과분하다고 무조건 돌려보내기보다는 부담스러운 것은 기회를 보아 적당한 때에 비슷한 것으로 선물한다.

(2) 집에 초대받은 경우

선물은 현관에서 처음 본 안주인이나 안내인에게 드리며 비즈니스 선물은 첫만남이나 비즈니스 미팅 때 전달하는 것이 좋다.

memo

여기서 잠깐

● 서로 다른 이문화

외국인이 보는 한국의 이문화

❶ 꾸중 들을 때 상대방의 눈을 똑바로 바라보지 않는다. 한국인들은 특히 연장자의 눈을 똑바로 보는 것(Eye-Contact)은 예의에 어긋난다고 생각하나, 미국인들은 정면으로 상대를 보지 않는 것은 상대방이 무엇인가를 속이고 있다고 여긴다.

❷ 상대방의 주의를 끌기 위해 옷자락을 잡아끈다. 즉, 한국인들은 주의를 끌기 위해 '실례합니다'라는 말 대신에 간혹 상대방의 옷자락을 잡아끄는 경우가 있는데, 특히 미국인들에게는 이것이 매우 무례한 행동으로 간주된다.

❸ 양복 차림에 흰 양말을 신는 것은 매우 촌스럽다고 생각한다. 보통 흰 양말은 스포츠용으로 간주되므로 정장차림에는 착용하지 않는다.

❹ 동성 간에 손을 잡고 길을 걷는다. 특히 미국인들은 동성연애자로 오해할 수도 있다.

❺ 자신이 마신 잔으로 다른 사람에게 술을 권한다. 이것은 비위생적이며 해서는 안 되는 행동으로 인식한다.

❻ 나이에 집착한다. 만난 지 얼마 안 되어 나이를 질문하는 것은 큰 결례이다.

❼ 음식 문화가 공동체이다(찌개에 다 같이 수저를 넣는 것, 가위로 음식을 자르는 것).

❽ 만나서 인사할 때 '식사하셨어요'라고 묻는 것을 의아해 한다.

우리가 보는 이문화

❶ 식사 중에 밥그릇에 수저를 꽂아둔다. 한국인은 제사를 지내는 경우에 밥그릇에 수저를 꽂아둔다.

❷ 둘째 손가락으로 사람을 가리킨다. 미국인들은 주목을 끌기 위해 흔히 손가락질을 한다.

❸ 사교적인 자리에서 코를 푼다. 한국인들은 남 앞에서 코를 푸는 것을 큰 실례로 생각하나, 유럽인들은 식탁에서 코를 풀어도 예의에 어긋난다고 생각지 않는다.

❹ 연장자의 이름을 부른다. 한국인들은 아주 가까운 사이가 아니면 이름을 부르는 것은 무례한 행동이며, 특히 연장자의 이름을 부르지 않는다. 보통 상대의 성에 직함을 붙여주는 것이 예의이다.

❺ 연장자에게 한 손으로 물건을 주고 한 손으로 받는다. 한국인들은 연장자에게는 반드시 두 손으로 물건을 주고받는다.

❻ 빨간색으로 사람의 이름을 쓴다. 한국인들은 죽은 사람의 이름을 쓸 때에만 빨간색으로 쓴다.

❼ 신발을 신고 집 안에서 생활한다.

② 다양한 나라의 인사

1) 각국의 인사 방법

(1) 미국

① 인사말–'하이', '헬로우'

② 악수할 때 상대방의 눈을 바라보면서 힘 있게 쥐고 흔든다. 이때 윗사람일 경우 아랫사람의 어깨를 두드리기도 한다.

- 서로 모르는 남성이 소개를 나눌 경우 미국에서는 우선 자기 이름을 대면서 악수를 한다. 이때 우리나라에서처럼 허리를 굽히지 않는다.

(2) 태국

① 인사말–'싸왓디카(크랍)'

② 남녀를 불문하고 자신의 가슴 위로 두 손을 펴서 손끝을 마주 댄 합장의 자세에서 상대방을 바라보면서 공손하고 가볍게 머리를 숙이고 입으로는 '싸왓디카(크랍)'라고 말한다.

- 이러한 인사법을 '와이'라고 하는데, 일반적으로 나이가 어리거나 신분이 낮은 사람이 먼저 인사를 하고 상대방은 가볍게 미소를 띠우고 고개를 끄덕이며 답례를 하나 고개를 숙이지는 않는다.
- 보통은 자신의 가슴 부위에 따라 편안한 자세로 합장하고 와이를 하나, 상대방에 따라 다소 다르다.
- 대등한 관계라면 합장만 하고 고개를 숙이지 않아도 되나, 상대방이 어른이거나 상급자일 경우에는 합장한 손을 자신의 코 부분까지 올리고 눈을 아래로 향한 채 공손한 자세로 '와이'하고 고개를 숙이는 것이 보통이다.
- 존경심을 나타낼 때나 감사를 표시할 때는 자신의 턱 부분에 합장한 손을 대고 공손히 인사한다.

(3) 인도

① 인사말–손에 입을 대었다 떼면서 '살라모아!'

② 대부분 아이들에게는 두 손을 펴서 가슴 높이에서 모으고 고개를 다소 숙이며, '나 마스테(안녕하세요)'라고 가르친다.

- 사찰에서 하는 인사법과 유사한 이 제스처는 '신께서 당신과 함께 하기를 기원한다' 또는 '감사합니다', '미안합니다' 등 다양한 의미를 내포하고 있다.

(4) 중국

① 인사말–'니하오(마)'

② 한 손은 주먹, 한 손은 펴고 서로 부딪힌다.

(5) 티베트

- 자신의 귀를 잡아당기며 혓바닥을 길게 내민다. 의미는 '난 악마가 아니다.'라는 뜻으로 못된 악마는 혀가 없기 때문에 나는 악마가 아님을 증명하는 것에서 유래되었다.

(6) 포르투갈

- 남자와는 악수를 하지만 여자와 인사할 때는 여자 쪽에서 먼저 악수를 청할 경우에만 응하는 것이 상례이다.
- 포르투갈인은 처음 만날 때 서로 끌어안고 상대방의 등을 가볍게 두드리며, 여성들은 친근한 몸짓을 하며 양쪽 뺨에 키스하는 습관을 가지고 있다(외국인의 경우는 간단히 악수 정도로 인사하는 것이 좋다).

(7) 중동 아랍 국가

① 인사말–중동의 노년층들은 'Salaam Alaykum(살람 알라이쿰, 평화가 있기를)'이라고 살렘 인사를 한다. 인사를 받으면 'Wa'alay–Kum' As–Sala:m(와 알라이쿰아 살람, 당신에게도 하느님의 평화가 깃드소서)'라고 답한다.

② 아랍 국가에서 악수는 처음 만난 사람에게도 손을 내밀어 청한 후, 길을 묻기도 한다.

- 포옹은 가까운 집안 식구나 친척, 친구 간에 하는 인사로 먼저 머리를 오른쪽부터 시작해 왼쪽으로 서로 어긋나게 하는 인사법이다.
- 뺨을 맞추는 인사는 일반적으로 가까운 사람들 간에 많이 사용하는 인사법이다.
- 오른손을 들어 하는 인사법은 멀리 있는 사람에게 손바닥을 상대방이 보도록 앞으로 하고, 보통 머리 높이까지 들어서 인사를 하는 방법이다.
- 가슴에 손을 얹어 하는 인사는 오른손을 가슴 가운데 댄 상태에서 상대방에게 존경을 표시하는 인사 방법이다.
- 눈썹으로 표하는 인사는 여럿이 모인 공식적인 자리에서 일일이 인사를 나눌 수 없을 경우에 눈썹을 약간 위로 치켜뜨면서 인사말을 들릴 듯 말 듯 중얼거리는 방법이다. 이 인사의 답은 고개를 약간 숙여주면 된다.
- 손등에 입을 맞추는 인사는 부모나 높은 사람에 대한 존경의 표현인데, 가족이거나 사회적으로 강한 유대감이 있음을 나타내는 표현이다.

(8) 사우디아라비아

- 악수를 한 후 양쪽 뺨에 키스를 한다. 이 밖에 이스라엘, 쿠웨이트에서도 남성 간에 오른손을 잡고 왼손을 어깨에 올려 서로의 볼에 입맞추기도 한다.

(9) 파키스탄

- 파키스탄 등의 무슬림 남성들은 이성이나 동성 구별 없이 포옹 등의 접촉은 피한다.

(10) 프랑스인

- 프랑스의 경우, 가볍게 악수를 하거나 또 하나는 친근감이나 호감, 또는 친밀함의 표시로 주로 하는 '비주(Bisou)'라는 인사, 즉 서로 상대방의 뺨을 양쪽으로 두 번 대는 것이다.

• 비주는 엄격한 상하 구분이 있는 인간관계를 제외하고는 남녀노소를 막론하고 모든 사람이 누구에게나 할 수 있는 인사법이다.

(11) 이탈리아, 스페인과 지중해 연안 나라

• 주로 양쪽 빰에 키스를 한다.

(12) 뉴질랜드 마오리족

• 마오리 전통 인사법을 '홍이(Hongi)'라고 하는데, 우선 악수를 하고 손을 잡은 채 '키오라!' 하면서 서로 마주보며 코를 두 번 부딪친다. 이는 '삶의 숨결을 서로 교환하다.'는 의미를 가지고 있다. 세 번 비비면 청혼의 뜻이다.

(13) 에스키모족

• 서로의 빰을 친다. 친한 경우에는 서로 마주보며 코를 비빈다.

(14) 러시아

• 주로 키스를 하고 포옹을 한다. 친한 남자들끼리 힘 있게 악수한 후 베어 허그(Bear Hug) 포옹을 한다.

(15) 남미

• 서로 깊게 포옹하여 상대방의 등을 따뜻하게 여러 번 토닥이는 아브라조(Abrozo)를 자주 행한다.

(16) 케냐 마사이족

• 동부 아프리카 케냐에서부터 탄자니아와 빅토리아 호수 근처에 넓게 퍼져 사는 마사이족은 상대방의 얼굴에 침을 뱉는다. 물이 부족한 곳이라 상대방에게 귀중한 수분을 발라주는 것이 우정과 축복의 표현이라고 한다.

여기서 잠깐

● 바디랭귀지(Body language)

심리학자인 알버트 메라비안(Albert Mehrabian)은 메시지 전달에 미치는 전체적인 효과를 분석하여 공식화한 바 있는데 그에 따르면 말이 7%, 청각적 이미지가 38%, 그리고 시각적 이미지가 55%라고 밝히고 있다. 시각적 이미지가 태도, 표정, 제스처 등으로 이는 전체적으로 우리들의 의사소통에 있어 절대적인 비중을 차지하고 있음을 시사한다.

제스처는 우리가 외국에 나갔을 때 사용할 수 있는 공용어이지만 때로는 사고나 오해를 불러 일으킬 수도 있다. 동일한 제스처라도 나라나 지역에 따라서는 정반대의 의미를 가질 수도 있기 때문이다.

1. 만날 때

- 악수: 가장 일반적으로 행하여지는 인사법
- 코 비비기: 뉴질랜드의 마오리족의 친밀함의 표시이다.
- 포옹: 소련에서 친한 남자 친구들은 세게 악수를 하고 나서 하는 포옹으로 이는 종종 상대방의 등을 따뜻하게 한두 번 쳐준다. 대부분의 북미인들, 북유럽인, 그리고 동양인들은 이런 접촉이나 포옹을 불편해 한다.

2. 헤어질 때

- 미국인들의 헤어질 때 인사: 손을 위로 올려 손바닥이 보이도록 하고 손목을 세워 손과 팔뚝 전체를 좌우로 흔든다. 유럽에서는 이 제스처가 '안녕'을 뜻하지 않고 대신 'No'를 의미한다.
- 유럽인들의 헤어질 때 인사: 유럽에서는 '안녕'이나 '잘가'라는 표시로 손을 흔드는 방법은 팔을 올려 앞으로 뻗고, 손바닥을 아래로 향해서 손만 위아래로 움직이는 것이다.
- 이탈리아인과 그리스인들의 헤어질 때 인사: 팔을 펴서 손바닥이 위를 향하도록 하여 손가락을 앞뒤로 자신을 향해서 구부린다. 대부분의 미국인들은 그 제스처를 '이쪽으로 오세요'라는 제스처로 이해한다.

3. 사람을 부를 때

- 검지를 들고 손을 머리 높이나 그보다 조금 높이 올리는 제스처
  - 미국: 웨이터를 부를 때, 다른 사람의 주의를 끌 때 사용
  - 일본: 사람에게 손가락을 가리키는 것을 불손한 것으로 여긴다.
- 검지를 앞뒤로 구부리는 제스처
  - 미국: '이쪽으로 오세요'라는 신호
  - 유고슬라비아, 말레이시아 등 많은 나라에서는 동물을 부를 때만 사용되므로 사람을 부를 때 이 행동을 하는 것은 매우 공손치 못한 행동이다.
- 손바닥을 아래로 하여 손짓

– 중동, 극동 지역: 누군가를 오라고 부르는 의미
– 서구 지역: 가라는 의미

4. 손가락으로 하는 링 사인

- 미국, 서유럽: OK 표시
- 남부 프랑스: 0이나 쓸모없다(무가치함)
- 한국, 일본: 돈
- 브라질, 남미: 음탕하고 외설적인 사인

5. 손바닥을 바깥쪽으로 향한 V자 사인

- 유럽 등: 일반적으로 두 손가락을 높이 쳐드는 것은 수많은 사람들에게 '평화'나 '승리'를 표시한다.
- 그리스: 욕의 의미

6. 손등을 바깥쪽으로 향한 V자 사인

- 영국, 프랑스: '꺼져버려'
- 그리스: 승리

7. 손바닥을 펴서 흔드는 행위

- 유럽, 한국: '안녕'의 의미
- 그리스(무차): 당신의 일이 잘되지 않기를 바란다.

8. 대화 중 코와 턱 만지기

- 대화 중 코를 문지르는 것: 구미 여러 나라에서 상대와 의견을 달리한다거나 거절하는 것을 뜻하며, 엄지로 코를 살짝 밀어 올리는 것은 상대를 멸시하거나 조롱하는 것을 의미한다.
- 엄지로 코를 미는 행위: 유럽에서는 조롱의 의미이고, 코에 원을 그리는 행위는 콜롬비아에서는 동성연애자를 의미한다.
- 턱을 톡톡 튕기는 것: 프랑스와 북부 이탈리아에서는 '꺼져버려, 열 받게 하지 말고'라는 뜻이며 남부 이탈리아에서는 '아무 것도 아니야' 또는 '할 수 없어' 등의 뜻이다.

9. 엄지와 중지 사이에 검지를 끼워 넣는 행위

- 한국, 유럽, 지중해 연안 국가: 외설적이고 경멸하는 제스처
- 남미: 문신이나 부적 등의 다양한 형태
- 미국: 아이가 귀엽다는 의미

10. 주먹을 쥔 채 엄지손가락만 위로 올리는 행위

- 일반적: 매우 좋다의 의미
- 호주: 무례한 제스처의 의미
- 그리스: '입 닥쳐'의 의미
- 러시아: 동성연애자의 사인

11. 머리를 위, 아래로 끄덕이는 행위

- 일반적: YES, 긍정의 표현
- 불가리아, 그리스: NO

12. 합장

- 태국, 기타 불교국가: 인사
- 핀란드: 거만함을 표시

13. 기타

- 팔짱을 끼는 것: '난 방어적인 자세를 취하고 있다' 또는 '당신 이야기에 동의하지 않는다'라는 뜻으로 해석될 수 있다.
- 수평으로 뿔 만들기: 악령에 대한 자기방어의 표시(유럽)
- 두 손가락을 맞대는 행위: 남녀의 동침 의미(이집트)
- 손가락으로 사람을 가리키며 말하는 행위: 무례한 행동으로 간주(중동의 여러 국가)
- 손가락 교차시키기: 방어, 행운의 의미(유럽)
- 중지를 내미는 행위: 외설적이고 부정적인 의미(서양)
- 손 끝에 키스하기: '매우 아름답다'는 의미(유럽, 남아메리카)

memo

③ 사교행사와 파티매너

- 파티의 종류: 칵테일 파티, 리셉션, 디너 파티, 런치 파티, 가든 파티, 티 파티, 샤워 파티

1) 파티장에 오래 머물러 있는 것은 점잖지 않다

파티장에서 지켜야 할 매너

❶ 파티장은 누구의 소개를 받아 정식 인사를 하는 곳이 아니다. 즉, 먼저 다가가서 '실례합니다. 저는 ○○○입니다.'하고 인사를 자청한다. 서로 간의 대화는 가벼운 화제로, 주로 덕담을 나누는 것이 무난하다. 이때 한 사람을 계속 붙들고 대화를 이끌어가는 것은 매너에 어긋난다(여기서 유의해야 할 것은 대화를 적절히 끊는 타이밍이다).

❷ 자신의 모습을 수시로 객관화하면서 체크하여 매너에 흐트러짐이 없는지 주의 깊게 살핀다.

❸ 칵테일 파티나 리셉션 같은 파티에서는 파티가 열리고 있는 동안은 어느 시간에 참석해도 된다. 그러나 파티에서 오래 머무르는 것은 점잖지 않으므로, 처음부터 끝까지 파티장에 있는 일이 없도록 한다.

❹ 파티에 참석을 하면 형식적으로라도 손에 칵테일 잔이나 주스 잔을 들고 있는 것이 좋다.

2) 초청장을 받으면 참석 여부를 회신한다

- 초청장을 보낼 때는 충분한 시간 여유를 두고 미리 보낸다(파티 초청장은 적어도 일주일 전에 보낸다).
- 손님은 초대장을 받으면 빠른 시간 내에 참석 여부를 알리며, 만일 참석하지 못할 때에는 그 이유를 간단히 전한다.
- 함께 초대받은 사람, 초대된 시간, 초대의 목적에 따라 적절한 옷차림으로 방문한다. 외국인과 함께 하는 파티일 때는 화사하고 우아한 전통복장, 즉 한복을 입고 참석해도 좋다. 단, 초대장에 드레스 컨셉이 명시되어 있을 경우에는 그에 맞게

복장을 갖추어야 한다.

3) 파티는 종류에 따라 열리는 시간이나 음식이 다르다

- 손님을 접대할 때 리셉션 파티를 개최하는데, 보다 공적인 손님 접대를 리셉션이라 하고 개인적인 파티와 구별한다. 대부분 공공기관이나 기업체에서 공적인 목적으로 손님을 접대할 때 리셉션이라는 형식으로 개최한다(리셉션에서는 주최자와 주빈이 함께 리시빙 라인〈Receiving Line〉에서 손님을 맞이한다).
- 칵테일 파티는 미국의 비즈니스맨들이 고안해 낸 다양한 파티의 형식으로, 사업 목적에서 개인 초대에 이르기까지 폭넓게 이용되고 있다. 칵테일 파티는 칵테일만을 주로 하는 파티이므로 음료에 맞는 오르되브르(Hors-D'oeurre, Appetizer) 정도만 내놓으나 최근에는 식사까지 할 수 있는 파티도 있다.

칵테일 파티에서 유의할 점

❶ 취하도록 술을 마시지 않는다.
❷ 저녁식사가 될 정도로 계속 음식만 먹지 않는다.
❸ 한 사람만 붙들고 계속 이야기하지 않는다.
❹ 빈 손으로 우두커니 서 있지 않는다.
❺ 칵테일 파티에 참석하려면 어느 정도 시장기를 면한 다음에 파티에 참석하는 것이 좋다.
❻ 칵테일 잔을 비스듬히 잡는 일이 없도록 한다.
❼ 칵테일 잔은 종이냅킨으로 밑을 싸고, 이동시에는 왼손으로 잡는다.
❽ 마실 때는 서 있는 상태에서 마시며, 잔은 오른손으로 바꿔들고 마신다.

- 뷔페 파티는 대중을 상대로 하는 대형 연회에 매우 능률적이며, 비용도 다른 파티에 비해 저렴하다는 이점이 있다. 뷔페는 입식(立食)을 의미하며 셀프서비스를 원칙으로 하고 있다. 따라서 일정한 격식을 차리지 않고 간편하게 손님을 접대할 수 있는 형식으로 특별한 의미를 부여하지 않고 부담 없이 사람을 초대할 때 적당하다.

뷔페 파티에서 유의할 점

❶ 맛을 잘 모르는 음식은 조금만 가져가서 맛을 본 후 다시 가져다 먹는다.
❷ 조찬의 경우 자기가 좋아하는 두서너 가지로 끝나는 것이 관례이나 저녁의 경우 대여섯 가지 코스를 다 즐기는 것이 보통이다.
❸ 한 번에 너무 많은 양의 음식을 가져다 먹지 않는다.

4) 리시빙 라인에서는 한 마디의 인사말로 끝내는 것이 매너이다

- 파티, 특히 리셉션에서는 이른바 리시빙 라인(손님을 영접하기 위하여 늘어선 줄)이라는 것이 있다. 주최측은 행사장 입구 쪽에서 주빈과 함께 리시빙 라인에 서서, 오는 손님에게 일일이 인사를 하며 영접한다.
- 회사의 리셉션에서는 대표를 비롯한 회사의 임원들과 그 날 모시는 주빈이 함께 리시빙 라인에서 손님을 영접한다. 이때 손님은 아무리 주최측과 개인적으로 친분이 있더라도 리시빙 라인에서는 간단한 인사만 하는 것이 예의이다.

5) 파티에서는 좌석의 배열이 중요하다

좌석의 구분과 그 기준은 다음과 같다.

- 사람을 기준으로 상석을 정하는 방식으로 주빈을 중심으로 주빈에 가까운 자리일수록 상석이 된다. 또 입구 쪽에서 먼 자리가 상석이다.
- 개인 집에서는 벽난로 쪽이 상석이 되고 문간이 말석이 된다. 같은 위치에서도 정원을 바라보는 자리가 등지고 앉는 자리보다 상석이 되며, 식당에서는 벽을 등지고 앉는 자리가 바라보고 앉는 자리보다 상석이 된다. 또한 일행 중 종업원이 의자를 빼어 앉기를 권하는 자리가 상석이 된다.

의례적인 좌석 배치에 대하여 유의할 사항

❶ 부부는 합석을 시키지 않으며, 서로 마주보게 앉히지도 않는다.

❷ 좌석은 남녀를 어긋나게 앉도록 배열하며, 테이블 맨 끝 쪽에 여자가 앉게 되지 않도록 남자 수를 여자보다 많게 한다. 그래도 여자가 앉게 될 때는 편의상 테이블 끝 좌석은 남자가 앉도록 한다.

❸ 외국인을 초대할 때는 외국인을 상석으로 하여 부처, 기혼자, 미혼자 순으로 배치한다. 또 같은 급의 인사는 나이가 많은 사람이 상석에 앉는다.

❹ 국제적 행사에서는 대립적인 국가의 인사들은 가급적 멀리 떨어지도록 좌석을 지정해 주는 배려가 필요하다.

❺ 경우에 따라서는 초청인이 출석하지 않을 가능성을 고려하여 대리 출석할 수 있는 사람을 수배해 둔다.

6) 테이블 세팅을 행사의 성격과 상황에 따라 적절한 유형으로 한다

- 동격의 인사들만이 참석하는 회의라면 원탁형의 테이블 세팅이 적합할 것이다. 원탁형에서도 다시 상하의 구별이 생기게 된다. 입구 쪽이 입구에서 멀리 떨어진 자리보다 말석이다.
- 장방형의 테이블 세팅은 주빈에 가까울수록 상석이 되므로 호스트와 주빈이 한가운데에 자리를 잡으면 말석은 테이블 양 끝쪽이 된다. 이때 호스트의 오른쪽은 최상위의 여성 손님, 왼쪽은 제2위의 여성이 앉게 되며, 반대로 호스티스는 오른쪽에 최상위의 남성, 왼쪽에 제2위의 남성이 앉게 배열한다.
- 수백, 수천 명이 참가하는 규모가 큰 파티에서는 메인 테이블을 마련하여 참석 인사 중에서 중요한 인사, 즉 VIP가 앉게 될 테이블에만 이와 같은 배열 방식을 적용하고 나머지 테이블은 중위 구별 없이 앉게 한다.
- 국제회의 후에 개최하는 만찬 파티라면 테이블에 두 가지 색깔의 냅킨을 놓아두어 내외국인 간에 서로 섞여 앉도록 하면 효과적일 것이다.

7) 입식 파티에서는 접시를 가슴 높이로 든다

- 뷔페에서는 일정한 코스의 음식, 즉 오르되브르 수프–생선요리–고기요리–로스트–샐러드–베버리지(음료)의 순으로 반복해서 인원수만큼 테이블에 차려져 있다.
- 뷔페 테이블에서 음식을 취할 때도 이러한 코스에 맞도록 접시에 2~3종의 음식을 덜어서 서서 먹는다. 갖다 먹는 횟수는 제한이 없으나 2~3회, 3~4회가 적당하다.
- 접시에 음식을 담을 때는 글라스는 접시 위에 올려놓고 음식을 담는다. 접시에 많은 음식을 담으면 보기가 싫고 품위가 없다.
- 입식 파티는 걸어 다니면서 음식을 먹는 것이 아니라, 서서 먹는 것을 말한다. 자신이 들고 있는 접시는 음식을 먹을 때나 걸어갈 때 항상 가슴 높이로 든다.

8) 홈 파티에서는 여자 손님보다 남자 손님이 많아야 한다

- 호텔이나 레스토랑에서 손님을 초청하여 식사를 대접하는 것보다 집으로 손님을 초대하는 것이 더욱 정감이 있고 사교 효과도 높일 수 있다(집으로 초대하는 것은 그만큼 초청자와 손님 간의 친분도를 나타낸다는 의미).
- 집으로 손님을 초대(홈 파티)할 때는 무엇보다도 사전에 철저한 계획을 세워야 한다.
- 홈 파티를 주최할 때의 기본 포인트는 참석자들이 '좋은 호스트'라고 생각하기보다는 '즐거운 파티'였다고 생각하도록 하는 데 있다. 집주인은 파티의 분위기에 더욱 신경을 써야 한다는 뜻이다.

홈 파티를 위해서 고려할 사항

❶ 초청 대상을 선정할 때 손님 중에 적어도 2~3명은 서로 아는 사람을 포함시킨다.
❷ 남녀의 수를 똑같이 하는 것을 원칙으로 한다. 어떤 경우라도 여성이 남성보다 많아서는 안 된다. 남성이 여성보다 한두 명 많은 것은 괜찮다.
❸ 손님이 도착하기 전에 모든 음식 준비를 완료하여야 한다.
❹ 파티의 주역은 호스트보다 호스티스로서 그 역할이 매우 크다. 홈 파티에서 호스티스는 연출자의 역할을 하며 호스트는 아내의 역할에 협조하는 입장이 된다.

홈 파티에서 손님을 영접할 때의 에티켓

❶ 주최측은 손님을 따뜻하게 '개별적'으로 맞이한다. 개별적이란 한 사람 한 사람을 개인적으로 상대하여 따뜻이 환영한다는 뜻이다.
❷ 여성 손님에게 먼저 접근하여 인사를 한 다음 코트 벗는 것 등을 도와주고 세면실을 안내한다.
❸ 도착한 손님을 먼저 와 있는 손님에게 소개할 때는 번잡하게 일일이 개별적으로 소개하지 않으며 먼저 와 있는 손님에게 일괄적으로 소개한다.
❹ 다른 이들과 어울리지 않는 손님이나 무언가 불편을 느끼는 손님을 발견하면 주최자는 이에 관심을 표명하고 접근하여 분위기에 어울리도록 이끌어 준다.
❺ 호스트나 호스티스는 모든 손님에게 골고루 대화의 상대가 되어 주어야 하며, 친소에 따라 특정인에게만 눈에 띄게 접근함이 없도록 신경을 써야 한다.
❻ 모두가 테이블에 앉을 때 남자 손님은 자신의 오른쪽 여자 손님이 의자에 앉도록 의자를 뒤로 빼준다.

9) 식사방법은 문화에 따라 달라질 수 있다

- 식생활을 국제적 차원에서 파악해 보는 것은 의미가 있으며, 외국인을 초대하거나 국제적인 행사를 준비할 때 국제적 감각에 맞추어 계획을 세우는 것이 필요하다.
- 유럽인들은 샐러드를 메인 디시(Main Dish) 후에 먹는 경향이 있으나 미국인들은 스테이크를 먹기 전에 샐러드를 먹는 경향이 있다.
- 일반적으로 구미인들은 빵 바구니에 빵을 듬뿍 담아 테이블 위에 놓고 먹는다.
- 국제 규모의 모임에서 식사를 준비할 때는 채식주의자가 있는지, 종교상 금기로 되어 있는 음식이 있는지 알아야 한다.

4장 커뮤니케이션

1. 커뮤니케이션 이해

1 정의

- 사회생활을 영위하는 인간과 인간 사이에 이루어지는 생각의 교환과 전달이다.
- 조직의 형성과 존속을 위하여 필요불가결하며 인간사회의 기초가 되는 것이다.

여러 학자들에 의해 지금까지 연구·정의된 커뮤니케이션

- 정보를 전달하고 반응을 끌어내는 것
- 정보·관념·태도를 공유하는 것
- 일련의 규칙에 따라 행동의 여러 요소나 생활의 여러 양식을 공유하는 것
- 정신이 서로 통하는 것으로 참여하는 사람들이 서로 이해한다는 것
- 정보·관념·태도를 전달하는 행위
- 어떤 사람이나 집단으로부터 다른 사람 또는 집단에게 주로 상징(Symbol)에 의해 정보를 전달하는 것
- 메시지에 의한 사회적 상호작용
- 사람들이 무엇인가(정보·관념·태도·행동·감정·경험 등)를 공유

2 유형

1) 동물의 커뮤니케이션

커뮤니케이션 방법은 동물에 따라 다양하며, 정보를 수신하는 감각기관의 차이에 따라 다음 4가지로 나뉜다.

- **청각자극에 의한 전달**: 곤충이나 개구리의 소리, 새소리, 고릴라 등이다. 곤충이나 개구리 등은 울음소리로 같은 종류임을 인지하고 암컷을 유인한다.
- **시각자극에 의한 전달**: 빛깔·형태·움직임 등이 정보로서 전달된다. 체표면이나 깃털의 빛깔·무늬를 두드러지게 함으로써 같은 종류라는 사실을 인지한다. 위협이나 방어를 나타내는 일정한 행동양식, 구애할 때의 몸짓, 인간과 원숭이에게서 볼 수 있는 복잡한 얼굴표정 등도 시각자극이며 이런 행동을 표현 행동이라고도 한다.
- **후각자극에 의한 전달**: 동물이 체외로 화학물질을 방출함으로써 정보가 전달되며 정보를 수신하는 것이 같은 종류인 경우 그 화학물질을 페로몬(Pheromone)이라고 한다. 누에나방에서는 암컷이 페로몬을 분비해서 수컷을 유인한다. 포유류에서는 분비물을 남기거나 피지선(皮脂毛)에서 나오는 분비물을 비벼대는 행동, 곧 마킹행동(Marking Behavior)을 하여 자기 세력권을 과시하고 개체·집단을 인지한다.
- **촉각자극에 의한 전달**: 새가 날기 위해 날개를 가다듬는 것과 포유류의 끌어안는 행동 또는 발과 입으로 털을 깨끗이 하는 몸짓 등이 있다. 일본 원숭이의 경우 다른 개체와 털을 비벼대는 것이 집단 내에서 사회관계의 유지에 중요한 역할을 한다.

동물의 커뮤니케이션은 대부분 보내는 쪽에서 받는 쪽으로의 일방적 전달이다. 받는 쪽의 존재가 확인되지 않아도 정보를 보내고, 존재하더라도 상대를 특별히 정하지 않는 경우가 많다. 받는 쪽을 확인하면서 그 반응을 보고 정보를 보내거나 서로 정보를 주고받는 상호적 커뮤니케이션이 가장 고도로 발달한 예가 인간의 대화이다. 일방적 커뮤니케이션이 주가 되는 동물과는 달리 인간은 언어라는 뛰어난 정보전달의 수단을 획득하여 문명을 이루어왔다.

2) 인간의 커뮤니케이션

- 공식적인 관계: 공식적 커뮤니케이션과 비공식적 커뮤니케이션
- 언어의 사용 유무: 언어적 커뮤니케이션과 비언어적 커뮤니케이션
- 방향성 중심: 일방적 커뮤니케이션과 쌍방적 커뮤니케이션

인간이 커뮤니케이션을 하는 목표는 연령과 성(性)에 따라 조금씩 다른 모습으로 나타나기도 한다.

인간이 커뮤니케이션을 하는 목표

- 친밀화: 친밀한 대인관계의 성립·유지
- 의존: 과제달성 수단으로서의 상대 의존
- 대화자 이해: 상대방 이해
- 대화자 통제: 대인관계의 통제
- 의사 통일: 확인·타협과 협의
- 전달: 정보나 지식의 전달

memo

2. 비언어적 커뮤니케이션 구성

대인 커뮤니케이션에서 얼굴 표정, 몸의 움직임 등과 같이 의사전달 기능을 가지고 있는 인간의 모든 행동 중 언어적 요소를 제외한 것이다. 음성적 특징, 신체 부위를 이용한 동작(제스처), 신체 접촉, 물건이나 공간 및 시간 등의 기호의 메시지화를 통한 상호교환이다.

1 비언어적 커뮤니케이션 구성

- 동작 언어: 얼굴표정, 제스처, 자세 등 신체적 움직임
- 눈동자 언어: 눈의 움직임이나 응시 행위
- 접촉 행위: 신체 접촉에 관한 비언어적 행위
- 시간 언어: 시간에 의한 언어

memo

② 비언어적 커뮤니케이션 중요성

유대인들의 지혜를 일깨워 주는 탈무드에서는 자신의 마음을 다스릴 줄 아는 사람이 가장 강한 자라고 했다. 자신이 가지고 있는 마음이지만 다스리기가 쉽지 않고 어렵다는 뜻이다. 바른 생각은 바른 마음에서 나오고 이것은 바른 행동에 영향을 미친다. 긍정적인 행동을 조절하는 것은 바른 마음의 자세이다. 실제로 인간관계 매너에서 가장 중요한 점은 자신의 감정을 잘 조절하는 것과 이러한 감정과 생각을 타인에게 효과적으로 전달하는 것이다.

memo

Image Making

제2부
이미지 메이킹 실제

5장
비즈니스 매너

1. 근무 시 업무매너

상식적이고 긍정적인 마인드

하루 중 대부분의 시간을 직장에서 보내게 되는 현대인에게 직장은 가장 익숙한 곳이면서도 어려운 곳이다. 가족과는 다르게 이해의 폭이 좁고 지켜야 할 예의범절과 매너도 많기 때문이다. 그 기준이 되는 것이 바로 상식적이고 긍정적인 마인드이다.

나보다는 우리를 생각하는 마인드

직장은 서로 다른 사람들이 만나 공동의 목표를 가지고 함께 일을 하면서 그 목표를 실현하는 곳이다. 따라서 개인의 역량이 중요시되긴 하지만 그 이전에 우리라는 조직의 역량이 강조되는 곳이다. 나 혼자서는 직장생활이 불가능하고 내가 잘되려면 다른 사람의 도움이 있어야 가능하다. 우리 회사가 발전해야 그 속에 나라는 개인의 발전도 있다는 것을 기억하고 개인보다는 우리를 우선시하여야 한다.

상사에게는 존중하는 마인드

회사에 입사해서 상사와의 관계는 피할 수 없는 현실이다. 좋은 상사를 만나는 것도 직장생활에서는 큰 행운이지만 꼭 상사의 자질과 스타일이 나와 맞으리라는 법은 없다. 이는 상사에 대한 인식이 잘못되었기 때문에 가지는 생각일 수 있다. 직속상사가 나와 맞지 않다고 해서 존경하는 마음을 갖지 않는다거나 그로 인해 예의바르지 못한 행동을 하여 상사로부터 신임을 잃게 된다면 직장생활은 더욱 힘들어질 것이다. 원만한 직장생활을 위해서는 상사에 대한 존중과 예의는 필수이다.

직장동료와 친구하는 마인드

직장동료는 회사에서 나의 입장을 가장 잘 이해하고 나에게 직·간접적으로 많은 도움을 주는 가장 믿음직스러운 친구이다. 동료는 선의의 경쟁을 하며 함께 뛰는 동반자이며 가장 많은 시간을 함께하며 목표를 공유하는 사람임을 명심한다. 나 자신이 직장동료에게 힘들 때 도와주는 사람이 되어야 내가 힘들 때 나를 도와주는 동료가 많다는 것을 기억하여야 한다.

1 근무 매너

우리의 하루 일과는 출근부터 시작하여 퇴근으로 끝을 맺는다. 항상 일에 대한 보람과 긍지를 가지고 업무에 임하여 기쁜 마음으로 하루의 일과를 정리한다.

1) 출근 시 매너

- 여유를 가지고 적어도 10~15분 정도 일찍 출근하여 업무를 시작할 수 있도록 한다.
- 출근 시 만나는 모든 직원에게 먼저 인사하여 명랑한 분위기를 만든다.
- 깨끗하고 단정한 용모와 복장을 유지한다.
- 지각 시에는 출근시간 전에 상사에게 연락하여 양해를 구한다.

2) 근무 시 매너

- 항상 예의 바르고 활기차게 업무를 본다.
- 책상 위에 몸을 기대거나 턱을 고여서는 안 된다.
- 근무 중에 사적인 일을 하지 않는다.
- 사적인 전화통화는 간결하게 한다.
- 사무실에서 손톱을 깎는 등 비위생적인 행동을 하지 않는다.
- 사무실 비품이나 소모품을 사적인 일에 사용하지 않는다.
- 근무 중에는 자리를 뜨지 않는다. 만약 자리를 뜨게 될 경우에도 일에 지장을 초래하지 않도록 유의해야 한다.
- 휴식시간은 규정시간을 지킨다.
- 복도나 화장실에서는 긴 이야기를 삼간다.
- 계단이나 복도에서 뛰어 다니지 않도록 한다.
- 방문 장소를 모르는 손님(고객)에게는 해당 장소까지 안내해 드린다.

3) 퇴근 시 매너

- 퇴근 시간 전에 퇴근 준비를 서두르거나 분주하게 하지 않는다.
- 만약 급한 일이 있을 경우에는 윗사람에게 사유를 말씀드리고 먼저 나간다.
- 그 날의 일은 그 날 끝내도록 하며 지시받은 업무를 끝내지 못했을 때는 사전에 보고한다.
- 퇴근 전에 다음날 할 업무를 메모하여 체크한다.
- 책상과 의자를 정돈하고 사무용품, 비품, 서류 등은 지정된 장소에 가져다 놓는다.
- 주위 청소를 간단히 하고 전기시설을 확인한다.
- 밝게 인사하며 퇴근한다.

4) 지시와 보고의 매너

(1) 지시할 때

- 정확히 지시하고 지시의 이행책임자·업무의 한계를 명확히 한다.
- 결론을 먼저 말하고 설명이 필요한 부분은 첨가한다.
- 한 번에 여러 가지를 지시하기보다는 구분하여 지시하는 것이 좋다.
- 지시내용은 육하원칙(언제, 어디서, 누가, 무엇을, 어떻게, 왜)에 의하여 알기 쉽고, 명확하게 지시하며 필요하다면 메모와 함께 지시한다.
- 지시할 때는 명령투의 화법보다는 의논하는 형식으로 부드럽게 지시한다.

(2) 지시받을 때

- 상사가 부르면 똑똑하게 대답하고 메모지를 준비하여 간다.
  만약 급한 일을 처리하고 있을 때는 '죄송합니다. 조금만 기다려 주십시오.'라고 말하며 양해를 구하는 것이 좋다.
- 지시를 받을 때는 끝까지 경청한다.
  지시내용을 말하고 있는 도중에는 의문사항이 있더라도 말을 중단시키지 말고 일단 메모를 한 뒤에 끝나면 질문한다.
- 요점을 메모한다.
  육하원칙에 따라 기록한다. 또한 지명, 인명 등의 고유명사와 숫자, 금액, 날짜, 시간 등을 정확히 기록한다.
- 지시를 받고 나면 요점을 복창하고 확인한다.

(3) 보고할 때

- 일을 완료한 즉시 보고한다.
- 간단히 요령 있게 결론부터 말한 뒤에 이유와 과정을 말하는 것이 좋다.
- 구두 보고일지라도 메모를 해서 간결하게 정리한다.
- 보고는 지시한 사람에게 한다.

- 중간보고를 해야 할 경우는 반드시 한다.
  - 업무가 완료되기까지 상당한 시간이 걸릴 때
  - 상황이 변했을 때
  - 곤란한 문제가 발생했을 때
  - 지시된 방침, 방법으로는 불가능할 때
  - 결과나 전망이 보일 때
- 사실에 의하여 객관적으로 보고하되, 의견을 말할 때는 자기의 견해라는 것을 분명히 밝힌다.

5) 외출 · 출장 시 매너

- 잠시 자리를 비울 때는 행선지, 용건, 소요시간을 동료에게 분명히 밝힌다.
- 외출 시에는 행선지, 용건, 소요시간 등을 보고하고 허가를 받는다.
- 외출장소에서 시간이 길어질 경우 중간보고를 해야 한다.
- 장시간 자리를 비울 때는 업무의 진행 중인 사항, 중요한 사항, 급한 사항, 업무를 위한 준비 자료 등을 정확히 인수·인계한다.

2 해외 출장 시 행동 지침

1) 해외 출장 2주 전에

- 여권 유효기간을 확인하고 출장 국가의 비자를 신청한다.
- 항공권과 숙소를 예약한다.
- 출장 품의 및 서류를 준비한다.
- 필요하다면 국제 운전면허증을 신청한다.
- 거래선 및 거래처 면담자에 대한 사전 정보를 얻는다.
- 출장지의 시차, 기후, 교통편에 대한 정보를 확보한다.

2) 해외 출장 1주 전에

- 여권과 비자 등의 증명서는 사본을 미리 만들어 놓는다.
- 출장 지점에 일정을 보내고 최종 확인을 받는다.
- 출장지의 지점에 출장 갈 인원들의 영문 이름과 여권번호를 미리 통보한다.
- 출장비의 지급 날짜를 확인하고 환율을 확인해 공항에 가기 전 시내에서 환전한다.
- 충분한 양의 명함을 준비하고 부족할 경우 미리 신청한다.
- 특수 언어 국가인 경우 중요 멘트를 현지어로 준비하고, 회사의 소개자료도 영문 또는 현지어로 준비한다.
- 출장과 관련된 제품이나 비즈니스 용어의 정확한 현지어 표현법을 익혀둔다.
- 거래선 선물은 미리 준비한다.
- 소화제, 진통제, 지사제, 감기약 등 비상약품을 준비한다.
- 사무실에 자신의 일정을 남기고 비상 연락처로 지사 담당자의 휴대전화 번호나 숙소 연락처를 남겨둔다.
- 여행 가방은 가능한 한 간소하게 준비한다.

3) 공항에서

- 필요시 휴대전화 로밍 서비스를 신청한다.
  - 공항의 로밍센터 및 리더스 클럽에서는 조작 방법을 안내해 주고, 자동 로밍이 불가능한 경우 로밍 휴대전화를 대여할 수도 있다.
- 출국 수속은 최소 2시간 전에 해야 한다.
  - 항공사 카운터는 보통 출발 약 2시간 30분 이전에 문을 연다. 그리고 보통의 경우 항공사 탑승 수속이 끝나면 1시간에서 1시간 30분 정도 시간이 남게 되므로 이때는 공항세를 내고, 환전을 하거나 출국 카드를 쓴다.
  - 모든 것을 끝낸 뒤 시간이 남았을 때 면세점을 이용한다.

4) 출장 현지에서

- 도착이 늦어진 경우 호텔에 미리 연락을 한다.
- 호텔 도착 후 지사에 도착을 알리고 다음날 미팅 시간을 확인한다.
- 일행이 있을 경우 서로의 룸 위치를 미리 확인한다.
- 호텔에서는 비싼 냉장고 음료수보다 밖에서 구매한 식수를 이용한다.
- 전날 밤 모닝콜을 신청하여 다음날의 일정에 차질이 없도록 준비한다.
- 미팅 시에는 영문 명함을 교환하고 브리핑 자료를 꺼내기 전 가벼운 대화로 편안한 분위기를 만든다.
- 프레젠테이션 자료는 전체적인 회사 소개와 구체적인 품목자료로 따로 준비해 대처한다.
- 통역 시에는 일행 중 가장 선임자를 향해 말하는 것이 매너이다.
- 출장지의 술 문화나 식사 예절을 미리 파악한다.
- 출장 중 상황을 수시로 상사에게 보고한다.
- 식사를 대접할 경우 레스토랑에 관한 정보와 예약은 호텔 안내 데스크를 이용한다.
- 식사 접대 등에서 지점에 비용 부담을 주지 않도록 노력한다.

- 카드를 이용하고 영수증은 매일 체크한다.
- 출장 중 안전에도 신경을 쓴다.
- 출장지의 팁 문화에 익숙해진다.

5) 귀국 후

- 돌아온 다음 일주일 내에 거래선 및 지점에 감사 메일을 발송한다.
- 출장 보고 시 업무에 대한 성과 외에 거래처나 출장 국가의 현황에 대한 보고를 함께 한다.
- 출장지에서 좋은 레스토랑이나 유용한 매장 정보들을 알게 되면 기록해 두었다 주변에 알린다.

3 명함, 악수, 소개

1) 명함

(1) 명함 주고받기

- 명함 교환은 비즈니스의 첫 순서이다.
- 첫 대면에서 자신을 알리면서 상호 간을 연결해 주는 중요한 매개체이다.
- 정중히 다루는 것은 상대방과 회사에 경의를 표한다는 마음을 나타낸다.
- 명함을 소홀히 다루면 상대방(고객)을 불쾌하게 만든다.

(2) 명함 건네기

- 상대방이 바로 볼 수 있도록 건넨다.
- 양손으로 명함의 여백을 잡고 소속과 이름을 정확하게 밝힌다(이때 손가락은 금물! 반드시 손바닥 이용).
- 목례를 하며 가슴선과 허리선 사이에서 건넨다.

우리나라 최초 명함 사용자

- 1883년 한국 최초의 외교사절 민영익, 홍영식, 서광범과 함께 미국을 방문했다가 당시 미국에 남아 학업을 이어갔던 한국인 최초의 미국 유학생 유길준(1856~1914)이다.

(3) 명함 받기

- 목례를 하며 양손으로 공손히 받는다(오른손으로 받고 왼손으로 받친다).
- 동시에 주고 받을 때는 오른손으로 주고 왼손으로 받는다.
- 받은 명함은 허리 높이 이상으로 유지한다.
- 혹시 상대방의 이름 중 모르는 한자가 있으면 '실례하지만, 이 한자는 어떻게 읽습니까?'라고 질문한다.
- 중국: 명함을 충분히 준비하는 것이 매너다.
- 일본: 비즈니스 외에도 일상생활에서 주고 받는다.
- 미국: 비즈니스 목적이 아닌 경우에는 교환하지 않는 경우가 많다.
- 호주: 비즈니스 만남 시에도 명함을 받지 못할 수 있다.

2) 악수

(1) 유래

- 악수는 앵글로색슨계 민족들 사이에서 자연스레 생겨난 인사방식이다.
- 남자들이 우호적 관계를 맺고 싶을 때 공격하지 않겠다는 뜻으로 오른손을 내민 것이 유래가 되었다.
- 오른손이 곧 무기를 쥐는 손이기 때문이다. 따라서 지금도 악수는 특별한 장애가 없는 한 반드시 오른손으로 한다.

(2) 기본 동작

- 오른쪽 팔꿈치를 직각으로 굽혀 손을 자기 몸의 중앙이 되게 수평으로 올리며, 네 손가락은 가지런히 펴고 엄지는 벌려서 고객의 오른쪽 손을 살며시 쥐었다가 놓는다.
- 가볍게 아래 위로 몇 번 흔들어 정을 두텁게 하기도 한다.
- 상대방이 아프게 느낄 정도로 힘을 주고 쥐어도 안 되고 지나치게 흔들어 몸이 움직이게 해서도 안 된다.

(3) 악수 순서

- 악수는 원칙적으로 윗사람이 아랫사람에게 하는 것으로 되어 있다.
- 다만 대통령, 왕족, 성직자 등은 예외다.

악수매너

● 각 나라의 악수법

❶ 미국: 손을 힘 있게 쥐고 흔들며 손아랫사람일 경우 격려의 뜻으로 손아랫사람의 어깨를 두드리기도 한다.

❷ 유럽: 손에 힘을 덜 준다.

❸ 벨기에: 악수를 자주 하는 편이다.

❹ 프랑스: 자주 하는 것을 비문화적이라 여긴다.

❺ 중남미: 여성과 악수할 때 손등에 입 맞추는 경우가 많다.

● 외국인과 악수하는 매너

❶ 지위가 높은 사람, 연장자가 먼저 악수를 청하는 것이 일반적이다.

❷ 악수를 하면서 절은 하지 않는다. ⇒ 악수 자체가 서양식 인사법이다.

❸ 상대방이 아무리 지위가 높은 사람이라도 두 손으로 상대방의 손을 잡지 않는다.

❹ 남성과 여성의 경우에는 여성이 손을 먼저 내민다.

❺ 악수는 반드시 일어서서 장갑을 벗고 한다. ⇒ 여성이 정장을 하여 긴 장갑을 끼고 있을 때는 안 벗어도 된다.

❻ 여성이 파티의 호스트(주인)인 경우에는 남성이 여성에게도 반드시 먼저 악수를 청해야 한다.

❼ 손을 쥘 때는 상대의 눈을 바라보며 온화하게 미소 짓는다.

❽ 손이 더럽거나 젖어 있을 때는 양해 인사를 하며 악수를 한다.

3) 소개

(1) 소개 방법

- 직무적 지위가 낮은 사람을 높은 사람에게 소개한다.
- 사회적 지위가 낮은 사람을 높은 사람에게 소개한다.
- 남성을 여성에게, 미혼자를 기혼자에게 소개한다.
- 소개를 부탁한 사람을 고객에게 소개한다.
- 연소자를 연장자에게 소개한다.
- 고객에게 직원을 소개한다.

4 상석, 방문, 안내

1) 상석

(1) 책상에 따른 응접실 상석

- 긴 의자
- 경관이 좋은 자리
- 출입문에서 먼 자리

차 권하기

- 방문객(고객, 손님 등)을 모실 때는 가장 안전하고 복잡하지 않은 안쪽에 모시는 것이 우선이며, 이때 방문객을 나의 왼쪽에 앉혀 드려야 한다.
- 음료를 권할 때는 1차적으로 방문객에게 준비된 차 종류를 선택할 수 있도록 하고 **'녹차와 커피, 율무가 있는데 어느 것을 드시겠습니까?'** 혹은 방문객이 선택하지 못하고 '아무거나'라고 표현할 때는 내가 상황에 맞게 권하는 것도 좋다. **'그럼 날씨가 더우니 시원한 녹차 괜찮으신가요?'**라고 권해드린다.

(2) 엘리베이터 상석

엘리베이터 안에서의 매너

- 엘리베이터 안은 방문하는 고객이나 윗사람이 함께 사용하는 곳이다.
- 좁은 공간에서 고객이나 윗사람 앞에서 지나치게 큰소리로 수다를 나누는 것은 상당한 실례이다.
- 절대적인 침묵을 강요하는 것은 아니지만 필요 이상의 대화가 큰소리로 오가지 않도록 주의하여야 한다. '~씨 점심식사 하셨어요.', '주말 잘 보내셨어요.' 정도의 가벼운 대화는 좋다.
- '~씨 너무 일하는 태도가 마음에 안 들어요.', '어휴 정말 짜증나서 일 못하겠어.'와 같은 누군가에 대한 비방과 길게 오가는 대화는 금물이다.

음식물을 갖고 타는 행위

- 좁은 공간에 냄새가 나는 음식물을 들고 탑승하는 것은 기본적인 매너에서 벗어날 수 있는 행위이다.
- 커피나 가벼운 간식을 꼭 갖고 탑승할 때는 타인에게 피해가 가지 않도록 주의하여야 한다.
  ❶ 커피와 같은 음식물은 자신의 가슴 쪽으로 조심스럽게 들고 타기
  ❷ 지나친 자극적인 향이 나는 음식은 피하기

(3) 자동차 상석

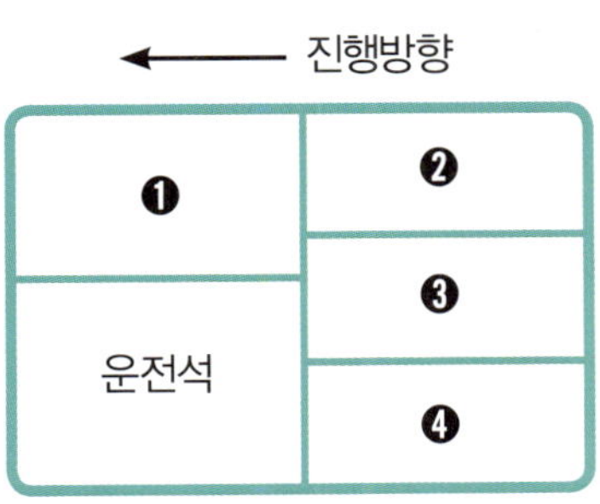

● 상석위치

- 웃어른, 상사를 모시고 탑승할 때:
- 웃어른, 상사가 운전하는 차를 탈 때:

2) 방문 · 안내

(1) 방문예절

● 방문 전

- 방문시간은 아침 9시 이후로 하고, 식사시간 전후 등은 피한다.
- 급한 용무로 부득이 방문하는 경우에는 상대방에게 전화를 먼저 걸어 양해를 반드시 구한다.
- 출발하기 전에는 미리 전화를 걸어서 알려준다.
- 약속시간에 늦지 않도록 여유 있게 출발하도록 한다.

● 방문할 때

- 약속시간 5~10분 전에 도착하도록 하며 약 5분 전쯤에 전화로 도착을 알리도록 한다.
- 도착 후 안내가 있는 경우 필히 경유하도록 하고 본인의 회사와 방문 대상자, 용건 등을 간략하게 말한다.
- 방문은 반드시 정장을 입고 외투를 입었을 경우 외투를 벗고 담당자에게 간다.
- 방문을 마친 후에는 '바쁘신데 시간 내주셔서 감사합니다.'라고 인사하도록 한다.

(2) 방문 시 첫인사

● 고객사 방문 시 대화

- 처음 만났을 때: '이매너 부장님, 안녕하십니까. 김예절입니다. 전화로만 인사 드리다가 처음 뵙겠습니다.'
- 안면이 있을 때: '이매너 부장님, 그동안 안녕하셨습니까. 오랜만에 뵙습니다. 제가 자주 방문드렸어야 했는데 죄송합니다. 요즘 많이 바쁘시지요.'
- 방문 후 인사 시: '귀한 시간 내주셔서 감사합니다.', '바쁘실텐데 시간 내주셔서 감사합니다.', '다음에 또 찾아뵙겠습니다.'

(3) 고객 사 방문예절

● 방문 인사 시 자연스러운 대화 사례

- 날씨: '장마철에 혹시 피해는 없으셨는지요? 다행입니다.', '요즘 너무 무더워서 지치기 쉬운데 건강 괜찮으신지요?', '날씨가 제법 추운데 오늘은 기온이 많이 올랐네요.'
- 특별한 날: '다음 주 추석 때 고향 길 계획은 잡으셨나요?', '성탄절인데 즐거운 계획이라도 있으신지요?', '여름 휴가는 잘 보내셨는지요?'
- 회사 업무: '지난 주 ~~건으로 인해서 걱정이 많으셨지요.', '이번에 저희 회사에 ~한 일이 있었답니다.', '이번에 귀사에(고객의 회사) ~행사가 있으셨지요.'
- 종교, 정치적 성향, 지역감정을 유발하는 내용 등은 절대 대화의 사례로 적합하지 않으니 주의한다.

(4) 고객 의전

- 고객의 바로 옆에 서지 않고 1~2보 앞에 서서 안내할 방향쪽을 따라 안내한다.
- 바뀐 통로로 갈 때는 미리 방향을 안내하고 걷는다.

(5) 방문객 안내: 계단에서

- 계단에서 안내할 때는 방문객에게 미리 'ㅇ층입니다.'라고 안내말을 하고 고객이 계단의 손잡이 쪽으로 걷게 한다.
- 올라갈 때는 뒤에서, 내려갈 때는 앞에서 걸어 방문객보다 높은 위치가 되지 않도록 한다.

(6) 방문객 안내: 엘리베이터

- 전문 안내자가 없을 경우: 안내자가 먼저 탄 후 버튼을 누르고, 내릴 때는 방문객이 먼저 내리도록 도와드린다.
- 전문 안내자가 있을 경우: 방문객이 먼저 타도록 안내해 드리고, 내릴 때는 안내자가 먼저 내린 후 고객을 모신다.

5 메신저 · 메일(전자우편)

1) 사내 메신저 주의사항

- 요점을 중심으로 명확하게 의사를 전달한다.
- 장시간 자리를 비울 때 자신의 상황을 알린다.
- 메신저 사용 시 상대방이 대화 창을 닫은 후 창을 닫는다.
- 메신저 대화 순서는 '인사–자기소개–용건–감사 인사' 순으로 한다.

메신저 매너

- 글씨의 색상도 고려해야 한다. ⇒ 빨간색은 불쾌감을 줄 수 있으므로 피한다.
- 대화 도중 양해 없이 창을 닫는 것은 금물이다. ⇒ '죄송하지만 ~일로 나가봐야 될 것 같습니다.'라고 한다.
- 장시간 메신저 사용은 업무의 지장을 줄 수 있으므로 주의하도록 한다.

2) 전자우편(메일) 작성법

- 제목은 구체적이며 간결하게 반드시 기재한다. 핵심제목을 간략하게 기재하여 내용을 짐작하게 한다. 예) 매너대학교 송연회 알림(총학생회장 김친절 드림)
- 여백을 두고 보내는 발신자의 소속과 이름을 밝힌다.
- 장문의 메일을 지양하고 내용을 간략하고 핵심만 적는다.
- 올바른 철자와 문법을 사용해야 한다.
- 화가 난 감정의 표현을 보내는 것은 피해야 한다.
- 특수문자, 이모티콘 사용을 자제한다.
- 첨부 파일이 있을 경우 내용을 기재하여 알린다.
- 답장은 바로 보낸다.
- 날마다 메일을 체크하고 중요하지 않은 메일은 즉시 삭제한다.
- 자신의 ID나 비밀번호를 타인에게 절대 공개해서는 안 된다.

- 메일을 보내기 전에 주소가 맞는지 확인한다.
- 회신 시 동의한다고 하는 한 줄 정도의 글로 간결하게 회신한다.
- 한 줄의 길이가 너무 길지 않게 작성한다.
- 타인에게 피해를 주는 언어에 각별히 유의한다.

6 사이버 공간 네티켓

유비쿼터스 환경 속에서 언제 어디서나 존재하는 인터넷을 활용할 수 있게 되었다. 인터넷은 단순히 정보만을 획득하는 곳이 아니라 다른 사람들과 교류하고 대인관계를 하는 공간으로 실제 사회생활을 하는 곳과 다를바 없다. 그러나 상대가 보이지 않는다는 장점이자 단점으로 작용하는 익명성으로 사이버 공간에서의 매너와 예절을 소홀히 하는 경우가 종종 있다. 가상공간이라는 이유로 악성 댓글을 통해 다른 사람을 비방하거나 모욕, 협박, 타인의 정보를 침해하고 형식과 예의를 갖추지 않고 이메일을 보내는 등 윤리적인 문제들이 발생하고 있다. 이는 인터넷의 발전 수준에 못미치는 이용자들의 미흡한 의식수준이며, 국가의 경쟁력에도 악영향을 미치게 된다.

인터넷공간을 보이지 않는 사회 공간이라고 한다면 이 또한 서로에게 지켜주어야 할 예의범절이 존재하는데 이를 네트워크와 에티켓의 합성어인 네티켓이라고 한다.

유비쿼터스

- 사용자가 네트워크나 컴퓨터를 의식하지 않고 장소와 시간에 상관없이 자유롭게 네트워크에 접속할 수 있는 정보통신환경

1) 네티켓(Netiquette)

- 자신의 개인정보를 보호하고 다른 사람의 개인정보를 유포하지 않는다.
- 음란물이나 불건전한 정보, 사이트를 공유하지 않는다.
- 바이러스를 퍼트리거나 해킹 등은 불법이다.
- 네티즌(Netizen) 스스로가 건전한 공간을 만들도록 노력한다.
- 이메일, 게시판 등에 글을 쓸 때에는 형식과 예의를 갖추어 작성한다(자신의 신분 및 이름 기재, 간단한 안부 인사, 정중한 화법 사용, 이모티콘 사용 자제 등).
- 온라인으로 대화할 때에는 호칭을 적절히 사용하고 불쾌감을 주는 대화는 하지 않는다.
- 바른 언어를 사용한다(무분별한 은어, 속어와 욕설, 채팅용어 사용 자제).
- 익명성을 이용하여 상대방을 비방하거나 반박하지 않는다.
- 상대방의 동의없이 정보를 공유하거나 유포하지 않는다.
- 온라인 게임 시 지고 있다고 갑자기 접속을 끊어 버리거나 일방적으로 퇴장하는 등 무례한 행동을 삼가한다(인터넷 게임에 집착하지 않는다).

7 전화 응대

우리나라에 전화가 처음 보급된 것은 1893년이다. 이후 일상생활은 물론 업무 처리에서도 중요한 위치를 차지하고 있다. 한 번의 전화 응대가 상대방에게는 감동이 될 수도 있고 또 기업에 대한 나쁜 평가를 가지게 할 수도 있다. 전화는 보이지 않는 가장 무서운 서비스 평가수단이다.

최근 기업에서는 종업원(직원)의 전화 응대를 모니터링하여 인사고과에 반영하거나 전화 응대서비스 교육을 지속적으로 실시함으로써 전화를 통한 서비스 향상을 도모하고 있다. 또한 해피콜 등 전화를 통한 새로운 서비스 창출로 고객만족을 위해 노력하고 있다.

따라서 효과적인 전화 응대를 익혀 상대방에게 호감도를 증진시킬 수 있도록 해야 한다.

직장인의 전화 응대 시 유의사항

- 전화 응대 시 회사의 주인이자 대표자라는 자세로 임한다.
- 한 사람의 불친절한 응대가 회사 전체의 이미지를 손상시키기도 한다는 것을 유념한다.
- 전화 응대는 음성만으로 나의 친절을 표현해야 하므로 더욱 세심한 주의를 기울인다.

1) 전화 응대 기본 원칙

전화는 고객 접점의 제일선이며 다른 업무나 서비스에도 지속적인 영향을 미친다.

전화 응대 시에는 친절하고 신속하게 고객의 욕구를 충족시키고 문제 해결에 즉각적인 도움을 줄 수 있도록 전문성을 갖추도록 한다.

(1) 정확성

- 음성을 바르게 하고 발음을 명확하게 한다.
- 성명, 품명, 수량, 일시, 장소 등은 천천히 정확하게 전한다.
- 상대가 이해하지 못할 전문용어나 틀리기 쉬운 단어는 사용하지 않는다.
- 내용의 요점이 상대에게 정확하게 전달되었는지 확인하고 복창한다.
- 중요한 부분을 강조한다.
- 상대방의 의도를 정확하게 파악할 수 있는 듣기 능력을 배양한다.
- 업무에 대한 정확한 전문지식을 갖춘다.

(2) 친절성

- 바로 앞에 상대방이 있다는 마음으로 응대한다.
- 상대방을 존중하면서 경청하고자 하는 열린 마음으로 응대한다.
- 필요 이상으로 소리를 크게 내거나 웃지 않는다.
- 말을 가로챈다든지 혼자서 말하지 않는다.
- 상대방이 감정적으로 말을 하면 이쪽에서는 한 발 뒤로 물러서서 언쟁을 피한다.
- 경박한 단어는 사용하지 않는다.

(3) 신속성

- 전화를 걸기 전에 용건을 육하원칙에 맞추어 말하는 순서와 요점을 정리한다.
- 불필요한 말은 반복하지 않는다.
- 필요한 농담이라도 정도가 지나치지 않게 한다.
- 시간의식을 갖는다.

좋은 전화 응대를 위한 기본 자세

- 미소를 준비한다. 책상 앞에 거울을 놓고 전화벨이 울리면 거울을 보고 먼저 미소를 지은 후 전화를 받는 습관을 갖는다.
- 자세를 바로 한다. 나른하고 느슨한 태도로 고객을 응대하게 되면 상대방도 이 느낌을 그대로 전달받게 된다. 통화 시에는 직접 대면하여 서비스하는 것과 같이 바른 자세로 임해야 한다.
- 음성과 목소리를 관리한다. 흡연, 목기침, 피로 등으로 성대에 부담을 주는 것은 피한다.
- 목소리가 잘 안 나올 때는 레몬즙을 넣은 따뜻한 차를 마신다. 명료한 발음을 위하여 신문의 사설을 읽는 연습을 하는 것도 매우 좋다.

2) 상황별 전화 응대

(1) 전화 받는 태도

① 벨

- 벨이 3번 이상 울리기 전에 받는 것이 예의이다.
- 왼손은 수화기를 들고, 오른손은 메모 준비를 한다.

② 자기소개

- 자신의 소속과 성명을 정확히 밝힌다.
- '안녕하십니까. 김매너 입니다.'

③ 자신의 전화일 경우

- 전달자의 용건을 경청하여 메모한다.
- 용건의 내용을 다시 한 번 확인한다.

④ 타인의 전화일 경우 – 담당자에게 연결해 드릴 때

- 전화 건 사람에게 통화하고자 하는 사람의 근무 팀을 묻는다.
  ⇒ '○○○ 씨가 어느 팀에서 근무하시는지 알고 계십니까?'
- 교환 예고
  ⇒ '네, ○○○ 씨요. 곧 연결해 드리겠습니다. 만약, 전화가 끊기면 ×××-×××× 로 다시 걸어주시기 바랍니다.'
- 담당자에게 전화를 연결해 주고, 담당자가 받은 후 전화를 끊는다.

⑤ 전화 건 사람을 기다리게 할 때

- 기다리게 하는 이유 설명과 가능한지 여부를 확인한다.
  ⇒ '지금 ○○○ 씨가 다른 전화를 받고 계십니다. 잠깐 기다려 주시겠습니까?'
- 수시로 상황을 알려드린다.
  ⇒ '전화 연결이 늦어지는 것 같습니다. 계속 기다리시겠습니까, 아니면 메모를 남겨 드릴까요?'
- 감사의 표시를 하고 연결해 드린다.
  ⇒ '기다려 주셔서 감사합니다.'라고 한다.

⑥ 타인의 전화일 경우 – 담당자가 부재 중일 때

- 찾는 사람이 부재 중이라는 것과 부재 사유를 밝힌다.
  ⇒ '죄송합니다. ○○○ 씨는 지금 회의 중이어서 자리에 안 계십니다.'
- 담당자의 통화가능 시간은 알려준다.
  ⇒ '○○○ 씨는 ×시 이후에 자리에 계십니다. ×시 이후에 통화가 가능할 것 같습니다.'

- 상대의 회사, 이름, 전화번호, 용건을 정확히 묻고, 메모하고 확인한다.
  ⇒ '메모를 남겨드리겠습니다. 연락처와 용건을 말씀해 주시겠습니까?'
- 전화 온 시간, 날짜, 연락처를 확인한다.
- 담당자에게 자신의 이름과 함께 메모 내용을 전달한다.

⑦ 동시에 여러 전화가 올 때

- 통화하던 사람에게 잠시 양해를 구한 다음, 다른 전화를 받아 용건, 연락처 등을 남기게 한 후 다시 통화하던 사람을 응대한다.

⑧ 끝맺음 인사 및 전화 끊기

- 상대가 끊은 후에 수화기를 내려놓는 것이 매너이다.

(2) 전화 거는 태도

① 걸기 전

- 상대방의 전화번호, 소속, 성명, 직함을 확인한다.
- 전달하고자 하는 내용을 미리 정리하여 확인한다.
- 메모지와 펜, 기타 필요한 자료를 준비한다.

② 상대가 수신했을 때

- 자신의 소속과 성명을 정확히 밝히고 인사한다.
- 통화 내용은 '5W(When, Who, What, Where, Why), 2H(How, Heart) 원칙'에 의하여 불필요한 말의 반복을 피하고 간단 명료하게 전달한다.
- 확인 답신을 요구할 때에는 답신 시기, 방법 등을 요청하는 내용과 함께 정확하게 제공한다.

③ 상대가 부재 중일 때 – 메시지를 남길 경우

- 본인의 이름 및 용건을 간단히 밝힌다.
- 전화를 다시 걸 것인지 아니면 전화를 부탁하는 것인지를 명확하게 밝히고 전화

를 부탁하는 경우에는 연락처를 반드시 남긴다.

전화 통화 시 주의사항

- 상대방에게 보이지 않는다고 해서 턱을 괴거나 무례한 자세로 전화를 받아서는 안 된다.
- 급한 일을 하고 있다고 해서 전화벨이 세 번 이상 울릴 때까지 기다리게 해서는 안 된다.
- 전화기를 들자마자 '여보세요.'로 응대하는 것은 안 된다.
- 상대방이 누구인지 확인하지 않으면 후에 곤란한 일이 생길 수 있다.
- '기다려 주십시오.'라고 말해 놓고 아무 설명도 없이 장시간 기다리게 해서는 안 된다.
- 기다리게 한 사이에 전화기 앞에서 큰소리로 이야기해서는 안 된다.
- 자기의 담당이 아닌 용건으로 걸려온 전화라도 무책임하게 여기저기 다른 데로 연결해서는 안 된다.
- 통화자가 바뀔 때마다 한 번 들은 용건을 처음부터 다시 반복하게 하는 것은 안 된다.
- 잘못된 전화가 걸려왔을 때는 '아닙니다.'하고 수화기를 덜컥 내려놓지 않도록 주의한다.
- 자료도 준비하지 않고 서둘러 전화를 걸어서는 안 된다.
- 급한 용무라고 해서 면담 중인 윗사람에게 메모도 없이 연결해서는 안 된다.

전언 메모

- 상대방이 전화했었다는 사실을 전할 필요가 없다고 했을 경우에도 반드시 메모를 남긴다.
- 정확하고 신속하게 전화가 왔었다는 사실을 알 수 있도록 당사자 책상의 눈에 잘 띄는 곳에 테이프 등으로 붙여 알려준다. 회사에 도착한 뒤에 구두로 알려주는 것도 잊지 않아야 한다.

실습: 전화 통화 시 호감 표현법

- 긍정적일 때: 예, 잘 알겠습니다 / 그렇습니다
- 부정적일 때: 그럴리가 없다고 생각합니다만 / 곤란할 것 같습니다만 / 잘못되었다고 생각됩니다만
- 거부할 때: 어렵겠습니다만 / 정말 죄송합니다만 / 유감스럽습니다만
- 부탁할 때: 양해해 주셨으면 합니다만
- 사과할 때: 정말 죄송합니다.
- 겸양을 나타낼 때: 오히려 제가 감사합니다 / 제가 할 수 있는 일이어서 다행입니다
- 분명하지 않을 때: 어떻게 하면 좋을까요 / 아직은 ~입니다만 / 저는 그렇게 알고 있습니다

여기서 잠깐

휴대전화 매너

- 개인 휴대전화는 근무시간에는 진동으로 한다.
- 회사 내에서 개인적인 용무가 있어 사용해야 하는 경우 점심시간과 같이 근무시간 외를 활용한다.
- 회의 중이나 연수, 상담 중에는 전원을 끄거나 진동으로 한다. 불가피한 경우에는 사전에 양해를 구한다.
- 업무상 필요해서 전화기를 켜놓는 경우에는 착신 멜로디를 비즈니스와 어울리는 것으로 한다.
- 외부 사람이 상사나 동료의 휴대전화를 문의할 때는 '죄송합니다만, 제가 김매너 님께 전화를 드리라고 하겠습니다.'라고 정중하게 거절한다.
- 상대방에게 휴대전화를 발신했을 경우 반드시 '지금 통화가 가능하십니까?'라고 상황을 여쭈어보고 본인의 용건을 말한다.

2. 음주 문화와 주도(酒道)

술자리의 예절인 '주도(酒道)'는 시대의 변화에 따라 많이 변했지만 최소한의 예의만큼은 지키는 것이 바람직하다. 윗사람과의 술자리에서는 특히 주의할 필요가 있다.

그렇다면 술자리에서 지켜야 할 예절에는 어떤 것들이 있을까? 술자리에 앉는 방법부터 술을 권하고 받는 방법, 술을 마시는 방법 등 술자리의 기본예절에 대해 알아보자.

전통적으로 심신을 흐트러지지 않게 하며 어른께 공경의 예를 갖추고 남에게 실례를 하지 않는 것이다. 전통 음주 매너에서 특히 중요한 것은 웃어른에 대한 공경임을 기억한다.

- 회사 비판을 하지 않는다.
- 남을 깎아 내리는 말은 도리어 자신의 신용도를 떨어뜨린다.
- 사내 애정문제나 인사문제 등에 대해서 언급하지 않는다. 자신도 구설수에 휘말릴 수 있다.
- 술 마시는 속도는 상사와 전체 분위기에 맞춘다.
- 상사보다 먼저 취하지 않는다.
- 평상시의 술버릇을 드러내지 않도록 주의한다.
- 직장에서의 술자리는 업무의 연장선이므로 가급적 참석하도록 한다.
- 회식 다음날은 정시 출근한다.

1 술자리 매너

1) 술자리에 앉는 법

- 상석은 방 아랫목 또는 벽을 등지고 출입문을 정면으로 바라볼 수 있는 자리이다. 나이와 직위가 가장 윗사람 또는 술자리를 주최한 사람이 상석에 앉는다.

- 신입사원 환영회나 생일파티 등 이유가 분명한 모임에서는 그날의 주인공이 상석의 맞은편에 앉는다.
- 나이와 직위가 가장 높은 사람을 중심으로 직급에 따라 우측과 좌측에 순서대로 앉는다.
- 윗사람이 도착하기 전에 술자리를 먼저 시작하더라도 상석은 비워둔다.
- 선약 등으로 술자리를 일찍 빠져나갈 사람은 출입구와 가까운 가장자리에 앉는다.
- 주문, 계산 등을 담당하는 사람은 출입구 쪽에 앉는다.
- 술자리의 진행자는 나이와 직급이 가장 높은 사람의 맞은편 가장자리에 앉는다.
- 윗사람이 자리를 지정할 때에는 그에 따른다.
- 자리를 먼저 일어설 때에는 사전에 양해를 구한다.

2) 술 권하는 법

- 윗사람에게 허락을 받은 후 먼저 술을 따른다.
  ⇒ '제가 먼저 한 잔 올려도 되겠습니까?'라고 한다.
- 윗사람이 먼저 따르겠다고 하면 즉시 술병을 드린다.
- 윗사람의 맞은편 또는 오른편에서 무릎을 꿇은 자세 혹은 왼쪽 무릎을 꿇고 오른쪽 무릎을 세운 자세에서 술을 따른다. 단, 의자에 앉는 술자리인 경우는 일어서서 술을 따른다.
- 술잔을 오른손으로 잡고 왼손은 팔목을 잡은 채 잔을 건넨다.
- 윗사람에게 술을 따를 때는 오른손으로 술병을 잡고, 왼손은 오른팔 밑에 대어 옷소매가 음식에 닿지 않게 조심한다.
- 나보다 나이가 어린 사람이나 동년배에게 술을 권할 때에는 왼손바닥을 가슴에 가볍게 대고 따른다.
- 술은 잔의 약 90% 정도가 차도록 천천히 정성스럽게 따른다.
- 술잔은 위생상 서로 주고받지 않는 것이 좋다.
- 불가피하게 술잔을 돌리는 경우에는 잔을 깨끗이 비운다.

- 술을 따르라고 강요하지 않는다.
- 술 마시기를 꺼리는 사람에게는 억지로 권하지 않는다.

3) 술 받는 법

- 상, 하급자를 막론하고 두 손으로 받는 것이 좋으나 친한 동료나 친구 사이에서는 한 손으로 받아도 무방하다.
- 윗사람이 술을 권할 때는 몸을 일으키거나 앞으로 다가가 술잔을 받는다.
- 술을 잘 못 마시더라도 첫 잔은 받는 것이 상대방에 대한 예의이다.
- 윗사람이 술을 따라 줄 때에는 두 무릎을 꿇고 앉거나 오른쪽 무릎을 꿇고 왼쪽 무릎을 세운 자세에서 양손으로 받는다.
- 나보다 나이가 어린 사람이나 동년배에게 술을 받을 때는 권할 때와 마찬가지로 오른손으로 술잔을 잡고 왼손바닥을 가슴에 가볍게 대고 받는다.
- 술잔을 받으면 감사의 인사를 한다.
- 술잔을 받으면 마시지 않더라도 입술에 댄 후 내린다.

4) 술 마시는 법

- 윗사람이 잔을 들기 전에 먼저 마시지 않는다.
- 술은 천천히 두세 번에 나눠 마시는 것이 좋다.
- 상급자나 나이가 많은 사람 앞에서는 반대편으로 얼굴을 돌려서 마신다.
- 혀로 입술이나 술잔을 빨지 않는다.
- 자신의 주량에 맞게 마셔 실수를 하지 않도록 한다.
- 술이 독하더라도 눈살을 찌푸리거나 못마땅한 표정을 짓지 않는다.
- 잔을 부딪힐 때는 윗사람의 잔보다 아래쪽에 댄다.
- 술은 빈속에 마시지 않는 것이 좋고 되도록 천천히 마시도록 한다.
- 술과 함께 물이나 음료수를 자주 마시고 다른 종류의 술을 섞어 마시지 않는다.

- 술자리 중에 자주 바깥바람을 쐬거나 이야기를 많이 하고, 가능한 한 담배는 함께 피지 않도록 하는 것이 건강에 좋다.
- 술을 마신 다음날에는 아침을 꼭 먹어 숙취를 푼다.

2 다양한 음주 문화

술은 초기에 약으로 통했다. 술을 적절하게 마시면 몸에 좋고 인간관계의 개선에 도움이 되지만 도를 지나치면 오히려 독이 된다. 각 나라마다 즐기는 술과 주법은 다르지만 국제적인 음주 매너를 익힘으로써 즐거운 자리와 비즈니스에서의 성공을 도모할 수 있다.

1) 건배 매너

건배라는 단어는 잔을 깨끗이 비운 중국의 풍습에서 유래된 말이고, 서양에서의 건배는 같은 병에 담긴 술을 나눠 마심으로써 독이 없음을 나타내는 의도에서 비롯된 풍속이다. 한국과 일본에서는 건배를 식사 전에 하는 것이 관례로 되어 있으나 서양에서는 식후주를 마실 때 한다. 공식 만찬에서는 건배를 위한 술로 샴페인을 사용하며, 술을 마시지 못하는 사람이라도 소량이나마 잔을 채워 건배에 응하는 것이 예의이다.

호스트(주인)가 일어나 그 자리에서 가장 높은 사람이나 연장자에게 건배를 제의하면, 일어나서 짧은 건배사와 함께 건배를 외친다. 건배할 때 잔의 높이는 눈높이 정도가 알맞고 잔을 부딪힐 때는 좌우의 가까운 사람과 가깝게 갖다대고 먼 사람에게는 눈으로 의사를 표시한다. 서양에서는 건배했을 때 잔에 있는 술을 약간 마시는 것이 일반적이지만 동양에서는 잔을 비우는 것이 매너이다.

2) 한국 음주 문화

술은 어른 앞에서 배워야 올바른 습관과 주도를 배울 수 있다고 생각하여 성년 의식인 관례에서 술마시는 예절을 가르쳤다. 어른 앞에서 술을 마실 때는 머리를 옆으로 반쯤 돌려 마시는 것이 예의이며 무리하게 권하지 않는다.

3) 중국 음주 문화

개인적인 교제가 쉽게 이루어지지 않기 때문에 연회에서 술을 마시며 관계를 돈독히 할 수 있다. 연회에서 아무리 독한 술을 마셨다고 해도 흐트러진 모습을 보여서는 안 된다. 술이 약해서 그렇다고 받아들이는 한국인과 달리 무례하다고 생각한다. 잔이 비기 전에 계속 첨잔하는 것을 좋아한다. 술만 마시는 곳이 없고 식사가 끝나면 음주도 끝난다.

4) 일본 음주 문화

상대방이 다 비울 때까지 기다리지 말고 술잔의 술이 줄어들면 첨잔을 한다. 술을 따를 때는 상대방의 오른쪽에서 가볍게 밑을 받치듯이 하여 잔의 80% 정도 술을 채운다.

첨잔은 한국에서는 금기이지만 일본에서는 오히려 미덕으로 여긴다. 술을 못하면 양해를 구하거나 잔을 엎어 놓는다. 술을 받을 때나 따를 때 한 손으로 하는 것은 실례가 되지 않는다.

5) 독일 음주 문화

맥주를 물과 같이 여기고 낭만적이나 매우 보수적이다.

6) 미국 • 영국 음주 문화

미국인들은 양주에 얼음을 많이 넣어 마시나 영국인들은 술의 농도가 낮아지는 것을 싫어해 적게 넣는다. 미국인들은 톡 쏘는 맛의 찬 맥주를, 영국인들은 쓴 맛의 실온으로 마시는 것을 즐긴다.

3 와인 매너

1) 와인 선택

- 산지(보르도), 수확 연도, 요리와의 조화

2) 와인 시음

- 단맛, 쓴맛, 신맛, 떫은맛의 조화를 느낀다.
- 시각, 후각, 미각을 느끼며 45도 기울여 가장자리 색깔을 감상한다.
- 손님을 초대한 사람이 맨 처음 시음한다.
- 와인은 공기와 결합시킨 후 마신다.

3) 와인잔

- 왼쪽부터 오른쪽으로 차례로 보르도 레드 와인잔, 부르고뉴 레드 와인잔, 화이트 와인잔, 스파클링 와인잔이다.

보르도 부르고뉴 화이트 스파클링

4) 와인 매너

- 모임 주최자나 주인이 먼저 시음한다(host tasting).
- 와인을 따를 때는 잔을 들지 않는다.
- 글라스 중앙 몸통 부분을 부딪치면서 건배한다.
- 립 부분을 닦아가며 마신다.
- 와인은 비우지 않은 상태에서 잔을 채우므로 마지막 잔을 제외하고는 완전히 비우지 않는다.
- 본인의 와인잔을 타인에게 돌리지 않는다.

❶ 와인잔에 3분의 1 정도 따른다.
❷ 하얀 백지나 테이블 위에 와인잔을 45도 기울여서 색을 관찰한다. 색과 투명도로 와인의 품종과 숙성 정도 등을 알 수 있으며, 잔 내벽에 흐르는 방울의 흔적을 관찰하여 알코올 농도와 당도의 정도를 추측할 수 있다.
❸ 잔을 돌리지 않고 그대로 코로 가져간다. 잔 안에 코를 최대한 깊이 넣어서 향을 맡는다.
❹ 잔을 손으로 돌려서 와인을 공기와 많이 접촉시킨 후 다시 향을 맡는다.
❺ 와인을 입안에 머금고 '후루룩' 소리를 내며 여러 번 공기를 빨아들여 입안 곳곳에 닿을 수 있도록 한다.
❻ 와인을 삼키고 맛과 향을 동시에 음미한다.

3. 상황별 경조사

1 경조사 종류

1) 경사(慶事)

기쁜 일을 함께 기뻐하고 기쁨을 보태며 더 잘 되기를 빈다.

- 임신: 기쁜 임신을 축하하며 건강한 아기의 순산을 빕니다.
- 출산: 예쁜 아기의 출산을 축하합니다.
- 백일: 아기의 백일을 맞아 크신 기쁨을 드립니다.
- 돌: 아기의 돌을 맞아 크신 보람과 기쁨을 드립니다.
- 입학: 매너학교·유치원의 입학을 축하합니다.
- 졸업: 매너학교·유치원의 졸업을 축하합니다.
- 취직: 기쁜 취직(승진·영전)을 축하합니다.
- 혼인(결혼): 기쁜 혼인을 축하하며 행복하기를 빕니다.
- 집들이와 이사: 새살림을 축하하며 행복을 빕니다.
- 개업과 이전: 희망찬 개업을 축하하며 발전을 빕니다.
- 생신: 생신을 축하드리며 건강하시기를 빕니다.

혼인기념

- 1주년: 지혼식(祇婚式)
- 2주년: 고혼식(藁婚式)
- 3주년: 과혼식(菓婚式)
- 4주년: 혁혼식(革婚式)
- 5주년: 목혼식(木婚式)

- 7주년: 화혼식(花婚式)
- 10주년: 석혼식(錫婚式)
- 12주년: 마혼식(麻婚式)
- 15주년: 동혼식(銅婚式, 또는 水晶婚式)
- 20주년: 도혼식(陶婚式, 陶磁器婚式)
- 25주년: 은혼식(銀婚式)
- 30주년: 진주혼식(眞珠婚式)
- 35주년: 산호혼식(珊湖婚式)
- 40주년: 녹옥혼식(綠玉婚式, 에메랄드혼식)
- 45주년: 홍옥혼식(紅玉婚式, 루비혼식)
- 50주년: 금혼식(金婚式)
- 55주년: 금강석혼식(金剛石婚式, 다이아몬드혼식)
- 60주년: 회혼식(回婚式)
- 75주년: 금강혼식(金剛婚式)
- 회혼례(祝回婚禮): 결혼 60주기를 맞은 부부가 자손들 앞에서 혼례복을 입고 60년 전과 같은 혼례식을 올리면서(해로 60년)을 기념하는 의례식
  ⇒ '회혼을 축하드리며 만수무강을 빕니다.'

생신

- 회갑(回甲): 61세 되는 해(환갑 還甲)
- 진갑(進甲): 회갑 다음 해(진갑 進甲)
- 칠순(七旬): 70세 되는 해(고희 古稀)
- 희수(稀壽): 77세 되는 해(희수 稀壽, 喜壽)
- 팔순(八旬): 80세 되는 해(산수 傘壽)
- 미수(米壽): 88세 되는 해(미수연 米壽宴)
- 백수(白壽): 99세 되는 해(백수 白壽)

● 길사(吉事)

고인의 명복을 기리는 제사는 길사이기 때문에 경사에 속한다.

- 제사(祭祀): 고인의 유덕을 기려 제상에 음식 한 가지라도 올린다.
- 추모행사: 주관자를 칭송하며 정성을 드린다.
- 제사란 조상과 후손을 정신적으로 연결시켜주는 의식이자 통로이며 우리의 전통적인 문화양식이다. 제사는 조상을 추모하고 그 은혜에 보답하는 표시이면서 또한 자신의 뿌리를 확인하고 생명의 근본을 새겨 가문의 전통과 정신을 배우고 아울러 같은 뿌리를 가진 친족들이 모여 화합과 우애를 다짐으로써 현대 핵가족 사회에서 초래되는 단절과 공동체 의식의 결핍을 복원하는 장으로 기능한다.
- 실상 제사는 우리 삶의 중요한 한 부분을 이루고 있다. 조상의 제사를 모시는 형식적 의미는 많이 퇴색했지만 흩어진 가족들이 모여 정담을 나누고 가족애를 확인할 수 있는 자리가 제사를 통해 이루어지고 있기 때문이다.

설이나 추석기간에 민족의 대이동이라 할 귀성 행렬을 보면 알 수 있듯이 우리에게 제사는 제사 이상의 큰 의미가 있는 소중한 유산이다.

- 최근에는 제사도 많이 간소화되고 합리적으로 치르려는 경향이 강하여 지방도 한글로 사용하고 축문도 전통의 형식에서 벗어나 쉽고 각자의 사정에 맞게 쓰기도 한다. 처가나 본가에 상관없이 제례에 참가하기도 하며 여성에게도 개방적인 추세이다. 제례는 상례나 혼례에 비해 상대적으로 자율성이 있는 예식이므로 시대의 변화와 가정환경, 종교나 형편에 맞게 예를 갖추어 행하면 된다. 단, 조상을 공경하고 효를 숭상하며 가족 간의 우애와 화목을 중시하는 우리의 미풍양속을 계승하고 그 뜻을 현실에 맞게 실천하는 것이 중요하며 그것이 현대에서의 제사의 참다운 의미라 할 것이다.

여기서 잠깐

- **감사(感謝)**

고마운 일의 부탁과 사례를 정중하고 간절하게 한다.

- 일의 부탁: 크나큰 은혜로 도와주실 것을 간절히 바랍니다.
- 끝난 일의 감사: 도와주신 큰 은혜에 깊은 감사를 드립니다.

일에 대한 부탁 또는 감사의 사례에 ① 寸志(촌지·아주 작은 뜻), ② 微意(미의·아주 적은 마음), ③ 薄禮(박례·아주 얇고 적게 예를 표한다)라고 쓴 봉투를 주는 것은 '당신을 존중하지 않는다.'는 뜻이 되어 실례이다. 이런 것은 웃어른이 아랫사람에게 용돈을 줄 때, 또는 아랫사람의 수고의 대가를 줄 때에 쓰는 말이다.

2) 조사(弔詞)

- 흉사(凶事)

죽음을 슬퍼하며, 상주의 슬픔을 함께 나눈다.

- 조상(弔喪): 죽은 이의 영좌에 분향하고 지극히 슬퍼한다.
- 문상(問喪): 유가족에게 슬픔을 위문하고 지나친 슬픔을 경계한다.
- 부조(扶助): 갑자기 당한 일, 정성을 다해 도와준다.

- 위문(慰問)

병환과 재난을 근심하며 회복과 전화위복을 진심으로 빈다.

- 문병: 병환을 근심하며 빠른 회복을 믿고 깊이 빕니다.
- 재난: 도난(화재·수재)에서 빠른 회복을 바랍니다.

● 헤어짐

그간의 공로를 치하하며 이별을 아쉬워하고 또 만나길 기약한다.

- 송별: 그간의 우정을 감사하며 반드시 또 만날 것을 바랍니다.
- 전근·정년퇴임: 그간의 공로를 치하하며 또 만나기를 바랍니다.

2 상황별 경사(慶事)의 예절

1) 결혼

(1) 결혼 축하 매너

- 예식장에는 정장을 입고 참석해야 하며, 식전에 도착하여 혼주와의 인사 및 축의금을 전달한다.
- 축의금이나 선물을 할 경우에는 결혼하는 사람과의 관계를 생각해서 알맞게 한다.
- 결혼식에 참석하는 손님은 결혼식 10분 전에 미리 식장에 도착해서 조용히 예식을 기다리는 것이 예의다. 결혼식 도중에 허둥지둥 들어오는 모습은 매너에 어긋난다.
- 의상은 정장을 입는다. 흰색은 신랑·신부의 색이므로 삼가고, 검은색의 옷일 경우에는 액세서리나 스카프로 밝은 분위기를 연출하도록 한다. 아무리 친한 사이라도 청바지나 일상복차림은 예의에 어긋난다.
- 축의금 대신 선물로 축하의 마음을 전달하고 싶은 경우에는 결혼 전에 미리 상의하고 당사자들이 필요한 물건을 선택하도록 하는 것이 좋다.

(2) 축의금

- 축의금은 자기의 처지에 맞게 분수에 넘치지 않도록 한다.

- 봉투의 내면지를 쓸 경우는 깨끗하게 성의를 다한다. 이때 회사의 양식을 사용하여도 좋다.
- 축의금을 넣은 봉투 입구는 봉하지 않는다.

(3) 축하의 문구

- 축혼인(祝婚姻), 축화혼(祝華婚), 축의(祝儀), 축성전(祝盛典)

2) 출산 · 돌

(1) 출산

출산한 집에 바로 방문하는 것보다는 전화나 편지로 축하를 먼저 전하고 3주가 지난 뒤에 방문하는 것이 좋다. 선물을 할 때에는 산모에게 필요한 것을 물어 보아 하는 것이 좋고, 화환은 되도록 하지 않는 것이 좋다. 아이와 어머니의 건강을 빌어주고 축하의 말을 하여 함께 즐거움을 나누는 것이 좋다.

(2) 돌

돌은 아이가 1년 24절기를 처음으로 한바퀴 돌았다는 뜻에서 생긴 말이다. 영아 사망률이 높았던 옛날에는 생후 1년이 지나야 위험한 고비를 무사히 넘기고 비로소 가족 구성원이 되었다고 생각하였다.

돌잔치는 아이가 가족의 일원이 된 것을 축하하고 아이의 장수와 복을 기원하는 잔치이다. 최근에는 가까운 친구나 친척들을 초대하여 돌잔치를 열고 돌잡이 행사를 하는 것이 일반적이다. 초대받은 사람은 아이의 돌을 축하하는 인사말을 하고 아이의 옷이나 반지, 축하금 등을 선물하는 것이 좋다.

3) 수상

친척이나 친구 등의 수상소식을 듣게 되면 전화나 전보, 편지 등으로 축하하도록 한다. 이때 간단하게 기쁜 마음을 전달하는 것이 좋다. 수상자는 수상을 하는 데 도움을 주신 분들에게 감사의 인사를 잊지 말아야 한다.

4) 취직 · 영전 · 전근

(1) 취직

사회의 첫발을 내딛는 사람을 축복해 주는 것은 당연하다. 당사자의 용기를 복돋아 주는 인사말을 하도록 한다. 선물은 당사자의 취미나 희망을 듣고 하는 것이 좋으며 취향을 모르는 경우에는 현금을 주는 것도 좋다.

(2) 영전 · 전근

개인적 출세라는 극히 좁은 범위의 성격을 띤 경사이므로 가족끼리 축하하도록 한다.

그러나 친구나 친지가 전근을 가거나 이사를 간다는 이야기를 들으면 축하 인사말 정도는 해 주어도 된다.

5) 수연

(1) 수연례 매너

- 수연례는 회갑, 그리고 그 이후의 모든 생신 행사를 의미한다. 어른의 생신에 상을 차려 술을 올리고 건강하게 오래 사시기를 기원하는 의식이다. 아랫사람이 태어난 날을 생일이라 하고 웃어른의 생일은 생신이라 한다. 최근에는 평균연령이 높아지면서 회갑연을 하지 않고 칠순잔치를 하는 경향이 있다.
- 초대의 범위는 가까운 친구, 친척, 직장 동료 정도가 적당하다. 정성스러운 마음가짐과 존경하는 의미로 축하하러 올 수 있도록 초대인의 적절한 범위를 정하는 것이 중요하다. 또한 접수처를 마련하여 선물이나 축의금을 받는 것은 좋지 않다. 가능하면 검소하게 지내는 것이 바람직하다.
- 직계가족이나 친척들은 큰절 인사를 드려야 하기 때문에 가능하면 한복차림을 하

고 축하객들도 정장 차림을 갖추도록 한다.

(2) 인사말

- 만복을 기원합니다.
- 축하드립니다. 축하올립니다.
- 만수무강하십시오.

6) 개업

개업의 경우에는 앞으로의 번창을 기원하기 위하여 널리 알리는 것이 좋다.

초대받았을 때는 점포 앞을 장식할 화환이나 생화를 선물하거나 점포 장식에 필요한 선물을 하는 것이 좋다.

3 상황별 조사(弔詞)의 예절

1) 조문

(1) 조문 매너

- 조문시간

연락을 받으면 즉시 가서 도와주어야 하는 처지가 아닌 사람은 상가에서 성복이 끝나기를 기다려 문상하는 것이 예의이다. 상을 당한 직후에는 아직 조문객을 맞을 준비가 되어 있지 않기 때문이다. 스스럼이 없는 사이라면 염습이나 입관을 마친 때도 가능하다.

- 조문: 조상과 문상을 함께 일컫는 말로 상가에 가서 죽은이에게 예를 올리고 유족을 위로하는 것이다. 따로 구분하지 않고 같은 의미로 사용한다.
- 조상: 죽은이에게 예를 표함
- 문상: 상주에게 예를 표함

● 조문 가서 삼가야 할 일

장례 진행에 불편을 주지 않기 위해 상제에게 많은 말을 시키지 않으며 반가운 친구나 친지를 만나더라도 조용한 음성으로 말하고 고인의 사망 원인, 경위 등을 유족에게 묻지 않는 것이 좋다. 또 슬픔을 나타내야 하는데 얼굴에 웃음을 띠는 경우는 삼가야 한다.

● 조문 갈 때의 옷차림

화려한 색이나 요란한 무늬의 옷은 피하고 검은색, 감색 등 짙은 빛깔 계열 또는 흰색의 옷을 입도록 하고 넥타이는 가급적 검은색으로 한다.

한복이나 양복 정장을 하지 못할 상황이면 수수하고 깨끗한 느낌의 평상복을 입어도 되나, 스웨터나 집 안에서 입는 옷차림은 삼가는 것이 좋다. 여성의 경우 화장을 짙게 하지 말고 액세서리도 하지 않는 것이 예의 바른 차림새이다.

상가에 도착하면 오버나 코트 등은 밖에서 벗어 들고 들어가도록 한다.

● 분향(焚香)의 요령

빈소(殯所)에 도착하면 먼저 상제에게 목례(目禮)를 한 다음, 영정 앞에 무릎 꿇고 앉아 분향을 한다. 향나무를 깎아 만든 나무 향이면 오른손을 왼손으로 받치고 오른손의 엄지와 검지로 향을 집어 향로 속에 넣으며, 만수향처럼 긴 향은 한두 개 집어서 불을 붙인 다음 향로에 정중히 꽂고 일어선다. 그리고 영정을 향하여 두 번 절한다.

● 헌화(獻花)하는 요령

준비된 꽃을 한 송이씩 헌화한다.

꽃을 들고 제단 앞으로 나가 고개를 약간 숙이고 뿌리 쪽이 제단으로 향하도록 하여 왼손으로 꽃 쪽을 오른손은 뿌리 쪽을 쥐고 헌화대에 꽃을 바친다. 헌화하고 흉사 때 공수를 하고 묵념한다.

❶ 담당하는 사람으로부터 꽃을 받아 든다.
❷ 꽃을 들고 제단 앞으로 나가 고개를 약간 숙인다.
❸ 뿌리 쪽이 제단으로 향하도록 바꿔 든다.
❹ 꽃을 헌화대에 바친다.
❺ 흉사시의 공수는 남자는 오른손을 위로 하고, 여자는 왼손을 위로 오도록 포갠다.

(2) 부의(賻儀)

부의는 오래 전부터 전해 내려오는 상부상조의 한 방식이다.

사람의 죽음은 예측할 수 없는 일이다. 그러므로 졸지에 상을 당한 상가를 돕기 위해 상장 절차에 소용되는 물품이나 돈을 자기의 형편에 맞게 부조하는 것이 우리의 미풍양속이고 그것을 부의라 한다.

부의는 많고 적음보다 정성이 앞서야 하므로 깍듯한 예를 차려야 한다. 물건이나 돈을 불쑥 내놓기보다 일정한 격식을 차리는데 사실대로 품명과 수량을 쓴다. 부의 금품은 반드시 호상소에 내놓아야 한다.

조상을 갈 수 없으면 조전(弔電)을 보내는데, 발인 전에 도착할 수 있게 보내는 것이 좋다.

상제가 외로운 처지이면 방문을 하거나 또는 전화를 하고 편지를 보내어 상제의 고독과 슬픔을 위로하여 주는 것이 좋은 일이라 하겠다.

〈생각해보기 1〉 장례식에는 검은 정장만을 착용해야 되는가?

- 일반적으로 장례식에 참석할 때 남성은 검은색 정장에 검은 넥타이, 여성은 어두운 색의 정장을 주로 입는다.
- 미처 준비하지 못했을 경우에는 회색이나 감색 양복도 무방하다.
- 주의할 점은 같은 검은색 옷이라도 살이 너무 드러나거나 긴 드레스는 절대 입지 말아야 한다.
- 장례식용 의복으로는 간결하고 수수한 복장을 하는 것이 상대에 대한 예의이다.

〈생각해보기 2〉 장례식 때 보석 착용은 예의에 어긋나는 것일까?

- 슬픈 자리에 참석할 때는 보석을 착용하지 않는 것이 예의이다.
- 그러나 약혼이나 결혼반지의 경우에는 굳이 빼지 않아도 되며, 그 밖의 장신구는 화려하지 않은 디자인이라면 무난히 넘어갈 수 있다.
- 진주의 경우에는 장례식과 같은 엄숙한 자리에 적당한 보석으로 인식되어 있다.
- 남성들이 즐겨 사용하는 타이핀과 타이의 경우는 장신구와는 별 상관 없으나 커프 링크스의 경우에는 액세서리로 보여질 수 있으니 가능하면 삼가는 것이 좋다.

〈생각해보기 3〉 결혼식장에 갈 때도 복장의 제한이 있다?

- 다른 사람을 축복해 주는 장소인 만큼 깔끔하고 단정하게 입고 가는 것이 하객들의 매너이다.
- 그러나 여성의 경우에는 신부의 하얀 웨딩드레스를 빛내주어야 하기 때문에 흰색이나 분홍색, 눈에 띄는 옷차림은 삼가는 것이 좋다.
- 남성의 경우에는 정장을 입는 것이 올바른 방법이다.

2) 문병

(1) 문병 매너

- 향기가 진한 꽃을 가지고 가거나 향수를 진하게 뿌리고 가지 않는다.
- 어느 때나 병문안은 짧게 끝내서 환자의 부담을 감소시킨다.
- 문병시간은 병원에서 정한 면회시간 또는 오전 10시경이나 오후 3시경이 좋으며 환자의 식사시간, 안전시간, 의사의 회진시간은 피한다.
- 회진 시에는 복도에서 끝날 때까지 기다린다.

(2) 문병 인사말

- '사고를 당하였다기에 무척 놀랐습니다. 이만 하기가 다행입니다.'

- '친환 또는 내환이 계시다니 얼마나 걱정되십니까?'
- '요새는 병환이 좀 어떻습니까? 차도가 좀 있다니 다행입니다.'
- '예전보다는 안색이 매우 나아 보입니다. 이제 얼마 지나면 완쾌되겠지요. 이대로 꾸준히 조리 잘 하셔야겠습니다.'

여기서 잠깐

● 선물 매너

❶ 선물할 때의 주의사항

- 선물 자체보다는 선물을 하게 된 동기, 즉 마음의 표현이 중요하다.
- 선물에 대한 답례를 기대해서는 안 된다.
- 선물은 직접 전달하는 것이 좋으나 부득이한 경우에는 편지나 카드를 함께 보내고 전화로 미리 알려주는 것이 좋다.
- 선물은 정성이 담긴 물건을 선택한다.

❷ 선물받았을 때의 주의사항

- 선물을 받았을 때에는 즉시 진심이 담긴 감사의 말과 함께 기쁨을 나타내는 것이 좋다.
- 인편이나 우편으로 선물을 받은 경우에는 감사의 편지나 전화로 고마운 마음을 즉시 전달하여야 한다.
- 회사에서 업무와 관련하여 거래처에서 선물을 받은 경우에는 상사에게 보고하고 이메일이나 엽서, 전화로 감사의 마음을 전한다.

❸ 선물을 보내는 시기

- 설날 등 명절: 정초나 1주일 이내
- 생일, 결혼기념일: 당일이나 1주일 전
- 결혼 축하: 결혼식 1개월 전부터 1주일 이내
- 출산 축하: 출산 후 1주일 후부터 3주 정도까지
- 조문 시 부조금: 발생 당일부터 장례식 당일까지
- 크리스마스 선물: 크리스마스 이브까지
- 여행을 떠나는 사람이나 본국으로 귀국하는 손님: 일정 2~3일 전

❹ 선물의 숫자

- 원칙적으로 선물의 수는 경사에는 홀수, 조사에는 짝수로 한다.
- 결혼 축하선물의 경우에는 그릇이나 수저를 반드시 짝수로 보낸다.

❺ 삼가야 할 선물

- 흰 손수건, 거울, 칼, 가위 등은 되도록 선물하지 않으며, 속옷은 부부 사이와 같이 친한 경우에만 선물한다.
- 지나치게 고가인 선물은 상대가 부담을 느끼므로 역효과를 낼 수 있다.
- 개인적 취향을 잘 모르는 경우에는 스카프나 옷, 액세서리는 피하는 것이 좋다.

● 타 문화 선물매너

❶ 중국

- 주의해야 할 선물(사항)
  - 흰색, 검은색, 파란색이 많이 들어간 것(장례식의 색깔)
  - 짚신, 시계(괘종시계처럼 종이 달린), 황새와 두루미('끝낸다'와 죽음의 의미)
  - 먹는 배(이별의 의미)
  - 거북이(발음이 욕설과 비슷함)
  - 우산(이별을 뜻함)
  - 꽃 또는 꽃다발('생명이 짧음'을 의미하여 장례용)
  - 손수건(슬픔과 눈물을 상징)
  - 축의금과 선물은 짝수, 부의금은 홀수
  - 저녁식사나 파티에 초대를 받은 경우 선물로 먹을 것은 피함
- 추천하는 선물
  - 빨간색의 선물(복을 불러온다는 속설)
  - 담배와 코냑·넥타이·사무용품·필기도구 등의 생활용품
  - 술

❷ 독일

- 주의해야 할 선물(사항)
  - 흰색, 검은색, 갈색의 포장지와 리본
  - 꽃은 짝수가 아닌 홀수로 선물하되, 열세송이(13)는 피해야 함
  - 비즈니스 때문에 독일을 방문할 때 값비싼 선물은 뇌물로 취급되므로 반드시 주의
  - 포장한 꽃은 좋아하지 않으므로, 꽃다발을 싼 포장지를 벗김
- 추천하는 선물
  - 저녁식사 초대를 받을 경우 꽃이나 화분
  - 초콜릿, 와인, 샴페인과 같은 무난한 선물

❸ 일본

- 주의해야 할 선물(사항)
  - 칼(단절을 의미)
  - 흰색(죽음을 의미)
  - 반짝거리는 재질의 포장지

– 선물에 장식하는 리본
– 짝수를 이루고 있는 선물(꽃도 포함)

• 추천하는 선물
  – 김치, 김, 건어물 종류의 식품
  – 도자기 제품
  – 카드(연초의 연하장 같은)
  – 간단한 식료품(여름)
  – 식사 초대를 받았을 경우 수입 스카치, 코냑 등의 선물

❹ 프랑스

• 주의해야 할 선물(사항)
  – 빨간 장미(구애를 뜻하므로 연인 사이에서만 함)
  – 카네이션 꽃(불길하다고 생각)
  – 향수(프랑스의 기호품)
  – 와인(프랑스에선 흔함)
• 추천하는 선물
  – 차나 공예품(동양적인 선물을 선호)

❺ 말레이시아

• 주의해야 할 선물(사항)
  – 장난감 강아지, 개 그림의 선물(개를 부정적으로 여김)
  – 돼지고기와 술(이슬람교들에겐 피함)
  – 돼지가죽으로 만든 물건
  – 향수(알코올이 첨가된)
• 추천하는 선물
  – 브로치(스카프를 많이 하기 때문에)
  – 정성이 담긴 카드(선물과 함께)
  – 나침반(이슬람교도 예배에 유용함)

❻ 러시아

• 주의해야 할 선물(사항)
  – 꽃을 선물할 때: 홀수(축하의 의미), 짝수(애도의 의미)
  – 러시아인은 선물을 무척 좋아해서 금기시하는 물건이 거의 없다.
• 추천하는 선물
  – 향수, 라이터, 명함, 계산기, 지갑, 카메라 등
  – 어린아이들: 츄잉껌
  – 젊은이나 어른들: 담배, 청바지, 책, 넥타이
  – 특별한 사람: 작은 향수병 등

❼ 멕시코

- 주의해야 할 선물(사항)
  - 칼(인간관계의 단절을 뜻함)
  - 노란색 꽃(죽음을 의미)
  - 은으로 만들어진 선물(값싼 장신구라고 생각함)
  - 간단한 선물 지참(부담을 주는 비싼 선물은 금물)
- 추천하는 선물
  - 초대받은 경우 꼭 선물을 할 필요는 없다(초면일 경우 정성이 담긴 가벼운 선물 정도).

❽ 브라질

- 주의해야 할 선물(사항)
  - 검은색이나 자주색(자줏빛 꽃)으로 된 것
  - 칼(인간관계의 단절을 뜻함)
- 추천하는 선물
  - 소형 전자제품

❾ 아르헨티나

- 주의해야 할 선물(사항)
  - 칼(인간관계의 단절을 뜻함)
  - 와인(풍부함)
  - 가죽 제품(가죽의 주요 생산국)
- 추천하는 선물
  - 스카치 위스키나 프랑스산 샴페인(수입한 술에는 세금이 많이 붙기 때문)

❿ 사우디아라비아

- 주의해야 할 선물(사항)
  - 누드화와 애완동물(격이 낮은 선물로 평가)
  - 손수건(눈물, 이별을 상징)
- 추천하는 선물
  - 이슬람 국가의 경우 여성은 주로 금, 은을 선호(현금화할 수 있는 장신구)

⓫ 이집트

- 주의해야 할 선물(사항)
  - 선물을 주거나 받을 때: 반드시 오른손
- 추천하는 선물
  - 화려한 것(선물받는 것을 좋아함)
  - 인삼(일부 상류층)

⑫ 인도

- 주의해야 할 선물(사항)
  - 재스민(장례식과 연관)
  - 소가죽 지갑 또는 가방 등(소로 만든 제품 ⇒ 힌두교도는 소를 신성하게 여김)
- 추천하는 선물
  - 열쇠고리, 목걸이형 볼펜(한국제품을 좋아함)

⑬ 헝가리

- 주의해야 할 선물(사항)
  - 붉은 장미와 백합은 금기(꽃은 반드시 포장)
  - 와인(자부심이 강함)
  - 꽃은 반드시 포장해야 함(독일과 반대)
- 추천하는 선물
  - 비즈니스 초대 시: 꽃이나 주류가 무난
  - 헝가리에서는 생일보다 이름데이(Name Day)가 더 중요하므로, 해당하는 날에 선물 해 주는 것을 좋아함

⑭ 폴란드

- 주의해야 할 선물(사항)
  - 짝수의 꽃
- 추천하는 선물
  - 꽃(초대받은 경우엔 필수적)
  - 간단한 선물(주요한 거래처)
  - 민속제품, 라이터, 필기구 등(부피가 크지 않고 소박하면서도 부담 없는 선물)

⑮ 미국

- 주의해야 할 선물(사항)
  - 백합(죽음을 의미)
  - 선물은 받은 즉시 풀어보는 것이 매너
  - 케이크: 집으로 초대받았을 경우 집주인이 직접 만들기 때문에 케이크는 선물하지 않음
- 추천하는 선물
  - 액자, 양초, 인형

⑯ 홍콩

- 주의해야 할 선물(사항)
  - 시계(죽음을 의미 ⇒ 중국문화)
  - 청색, 백색(장례식의 색깔 ⇒ 중국문화)
- 추천하는 선물
  - 짝수의 선물(두 가지를 동시에 하는 것을 좋아함)

6장
테이블 매너

1. 한국의 밥상머리 예절

한국 요리의 식사 예절은 중국이나 서양에 비해 매우 관대하고 단순하여서 상식적이라고 생각해도 무방하다. 서양의 경우 매우 까다로운 격식과 복잡한 순서를 지켜야 한다. 스푼이나 포크, 나이프 등의 기구에서부터 갖가지 음식의 하나하나에 엄격한 사용법과 먹는 법이 정해져 있어서 익숙하지 않으면 실수가 생긴다. 물론 우리 음식 문화도 서양 사람이 보면 복잡하고 까다로울 수가 있다. 그러므로 동서양을 막론하고 식사 예절이란 식사를 하는 사람의 입장에서 갖춰야 할 여러 가지의 예절과 준비하는 사람의 입장에서 지켜야 할 예절이 있는 것이며, 그 예절에 맞는 행동으로 임하면 되는 것이다. 우리 전통 식사의 예절에도 식사를 하기 전 준비과정의 예절과 식사를 하는 도중의 예절과 식사를 끝낸 후 후식의 예절이 있는 것이다.

한국은 삼 면이 바다로 둘러싸여 있고 대륙과 통하는 지형적인 특징을 지닐 뿐만 아니라 사계절이 뚜렷하여 각 지역의 향토성과 특색을 살린 다양한 전통음식과 절기음식이 잘 발달되어 왔다.

한국 음식은 주식과 부식이 분리되어 있으며 곡물 조리법과 저장식품, 가공식품의 발달, 각 계절과 지역에 따른 각종 절기음식과 행사음식, 의례음식이 발달하였다. 또한 음식의 간을 중요시 하며 아침, 저녁 음식에 중점을 두는 등의 특징이 있다.

1 밥상머리 예절

식사 전에는 위생상의 필요뿐만 아니라, 마음을 안정시키고 경건한 태도를 가지기 위해서도 손을 씻는 것이 좋다. 식사 전에 건네주는 물수건은 손만 닦아야 한다. 얼굴이나 머리를 닦거나 심할 경우에는 겨드랑이 등 몸을 닦는 사람도 있는데, 보기에도 흉하고 비위생적이며 남에게도 큰 실례가 된다. 가볍게 손을 닦은 물수건은 잘 접어서 식탁 옆에 놓아두는 것이 예의이다. 식사하기 위하여 자리를 잡으면 몸치장을 단정히 하고 자세를 바르게 하여야 한다.

1) 한국의 밥상머리 예절

유교적 생활의 틀 속에서 효를 중시하는 가부장적 대가족제도 아래에 있었기 때문에 식사 예절은 엄격하다.

2) 전통적인 식사 예절

- 어른을 모시고 식사를 할 때는 어른이 먼저 수저를 든 다음에 아랫사람이 들도록 한다.
- 숟가락과 젓가락을 한 손에 들지 않으며, 젓가락을 사용할 때는 숟가락을 상위에 놓아야 하고, 숟가락이나 젓가락을 그릇에 걸치거나 얹어놓지 말고, 밥그릇이나 국그릇을 손으로 들고 먹지 않아야 한다.
- 숟가락으로 국이나 김치 국물을 먼저 떠 마시고 나서 밥이나 다른 음식을 먹는데, 밥과 국물이 있는 김치, 찌개, 국은 숟가락으로 먹고, 다른 찬은 젓가락으로 먹어

야 한다.

- 음식을 먹을 때는 음식 타박을 하거나 먹을 때 소리를 내지 말고 수저가 그릇에 부딪혀서 소리가 나지 않도록 해야 한다.
- 수저로 반찬이나 밥을 뒤적거리거나 헤치는 것은 좋지 않고, 먹지 않는 것을 골라내거나 양념을 털어내고 먹지 않아야 한다.
- 먹는 중에 수저에 음식이 묻어서 남아 있지 않도록 하며, 밥그릇은 제일 나중에 숭늉을 부어 깨끗하게 비워야 한다.
- 여럿이 함께 먹는 음식은 각자 접시에 덜어 먹고, 초장이나 초고추장도 접시에 덜어서 찍어먹는 것이 좋다.
- 음식을 먹는 도중에 뼈나 생선가시 등 입으로 넘기지 못하는 것은 옆 사람에게 보이지 않게 조용히 종이에 싸서 비아통(토구)에 버려야 하고, 상 위나 바닥에 그대로 버려서 더럽히지 않도록 한다.
- 식사 중에 기침이나 재채기가 나면, 얼굴을 옆으로 하고 손이나 손수건으로 입을 가려서 다른 사람에게 실례가 되지 않도록 조심해야 한다.
- 너무 서둘러서 먹거나 지나치게 늦게 먹지 않고 다른 사람들과 보조를 맞춰야 하고, 어른과 함께 먹을 때는 먼저 어른이 수저를 내려놓은 다음에 따라서 내려놓도록 한다.
- 음식을 다 먹은 후에는 수저를 처음 위치에 가지런히 놓고, 사용한 휘건은 대강 접어서 상위에 놓아야 한다.
- 이쑤시개는 한 손으로 가리고 사용하고, 사용 후에는 남에게 보이지 않게 처리해야 한다.

여기서 잠깐

● 「규합총서」의 사대부 식시오관(食時五觀)

- 공들인 것의 많고 적음을 헤아리고 그것이 어디서 왔는지 생각해야 한다.
- 충효와 입신의 뜻을 살펴서 음식의 맛을 너무 따지지 말아야 한다.
- 마음을 다스려서 과하게 하지 말고 탐내는 것도 막아야 한다.
- 음식을 좋은 약으로 생각하여 모양에 너무 치우쳐 먹지 말아야 한다.
- 도업(道業: 군자의 도리)을 이루어 놓고서야 음식을 받을 것이다.

● 이덕무의 「사소절(士小節)」에 나오는 식사 예절

- 조선 후기 선비들의 덕목 중의 하나로 식사 예절이 꼽혔을 정도로 밥 먹을 때의 예의가 강조된다.
- 특히 도덕교과서인 「소학(小學)」에는 식사 예절을 성현들의 교훈을 통해 가르치고 있는데, 곧 먹는 것에 욕심을 부리는 일은 성욕과 같은 것이기 때문에 최대한 절제된 식사를 하는 것이 군자의 도리라고 한다.
- 이덕무는 「소학」을 한국적 상황에 맞게 고친 「사소절」에서 다음과 같이 말한다.
  - 너무 크게 싸서 입안에 넣기가 어렵게 하지 마라.
  - 볼이 크게 부르게 하는 것은 예절에 벗어난다.
  - 무나 배나 밤을 먹을 때는 자주 씹어 사각사각 소리를 내지 말고 먹어야 하며, 국수와 국 그리고 죽을 먹을 때는 갑자기 들어 마셔 후루룩 소리를 내지 말아야 하며, 물을 마실 때는 목구멍 속에서 꿀꺽꿀꺽 소리 나게 하지 말라.
  - 음식을 먹을 때는 배에 알맞게 먹어서 남은 것이 없게 하고, 특히 밥을 다 먹고 난 후 그릇에 물을 부어 먹어 한 톨의 쌀이라도 버려서는 안 된다.
  - 숟가락이 그릇에 닿아 소리나게 하지 말 것이며, 밥알을 남겨 뜰의 도랑이나 더럽고 습한 곳에 흘려버리지 말라.
  - 조선 후기 주자학의 도학실천에 투철한 사대부들이 믿었던 이러한 '식시오관' 등의 규범은 음식을 먹고 마시는 일을 마치 수도승처럼 하도록 강요했으나, 이면에는 선비들의 검소한 정신이 담겨 있다.

② 한국 음식 특징과 예절

아름다운 색의 조화뿐만 아니라 영양학적으로 조화와 균형을 갖춘 건강한 음식이다.

- 한식은 아름답고, 맛있으며, 그리고 세계적으로 유례를 찾기 어려울 만큼 건강에 좋은 음식이다.
- 여러 가지 식품영양학적 특성을 지니고 있다.
- 쌀밥, 특히 잡곡을 섞은 밥, 국, 김치, 반찬 형태의 한식 식단은 비만이나 이로 인해 생기는 동맥경화, 고혈압 및 암 등을 예방하는 우수한 식단으로 평가되고 있다.

1) 비만 예방의 효과

- 쌀밥의 전분은 체내에서 서서히 소화, 흡수되며 밥과 반찬을 번갈아 먹게 되므로 혈당 상승이 느리고 포만감을 느끼게 하여 비만을 예방하는 효과가 있다.
- 한식 상차림은 쌀밥과 김치, 장류, 콩제품, 생선, 나물, 고기 등 반찬이 조화롭게 짜여 있어서 다양한 식품 섭취가 가능하다.

2) 균형을 이루는 음식재료

- 음식재료 혼합 측면에서의 영양적 우수성을 들 수 있다.
- 한국 음식하면 떠오르는 비빔밥, 잡채, 신선로, 갈비찜, 생선찜 등의 음식재료를 보면 곡류, 채소류, 어육류, 유지류 등 동물성 식품과 식물성 식품이 혼합되어 있는 특징을 발견할 수 있다.

3) 담백한 조리법

- 조리법 자체가 구이, 찜, 데쳐서 무치는 방법 등을 많이 사용하는 담백한 조리법으로 지방을 많이 사용하지 않는다.

- 사용하는 지방도 주로 식물성 기름으로 우리 몸에 좋은 불포화지방산의 함량이 동물성 지방에 비하여 상대적으로 많다는 특징을 지니고 있다.

4) 에너지 구성 비율 우수

- 식단 구성이 저열량의 탄수화물 및 채식 위주로 되어 있어, 탄수화물, 단백질, 지방 등 3대 영양소가 균형을 이루며 생선 및 해조류를 이용한 다양한 음식이 발달하였다.
- 우리 식단은 탄수화물 : 단백질 : 지방의 에너지 구성 비율이 65% : 15% : 20%으로 권장 비율인 60~65% : 15~20% : 20%에 아주 근접하다.
- 식사 내용에서도 식물성과 동물성 식품의 비율이 80 : 20으로 적정하게 구성되어 있다.

5) 발효음식

- '발효(醱酵)'란 미생물이 자신의 효소로 유기물을 분해 또는 변화시켜 특유한 최종산물을 만들어내는 현상이다.
- 영어로는 Fermentation이라고 하는데, 이 말은 라틴어의 'Ferverve(끓는다)'에서 유래된 것으로, 미생물이 식품 내에서 작용하여 부글부글 끓는 듯한 모습을 표현한 것이다.

발효의 원리

- 발효는 인류의 역사와 함께 알려지고 이용되는 현상으로 인류에 의해 과실주·맥주·빵·치즈 등의 제조에 경험적으로 또한 전통적으로 이용되어 옴
- 기원전 6000년에 효모가 맥주 제조에 사용됨
- 치즈 생산에 곰팡이, 식초 생산에 초산균이 역시 오래 전에 이용됨

- 우리 조상들도 발효식품을 개발하였고, 다양하고 조화된 향을 오랜 기간 동안 즐겼다.
- 한국인이 애호하는 발효식품은 장, 김치, 젓갈, 식초, 식혜, 술 등이다.
- 발효의 원리에 대해서는 19세기까지 알지 못하였다.
- 근대화학의 시조인 A. L. 라부아지에 의해 1787년에 포도즙 속에 있는 포도당이 정량적(定量的)으로 알코올과 이산화탄소로 분해되는 과정이 발효라고 기록되었다.
- 19세기로 접어들자 J. J. 베르셀리우스나 J. 리비히 등 유력한 화학자들에 의한 발효의 촉매설(觸媒說)과 L. 파스퇴르를 중심으로 하는 미생물학자와 세균학자들에 의한 발효의 효모설(酵母說) 사이에 격렬한 논쟁이 벌어졌다.
- 파스퇴르는 1857년에 우유의 락트산 발효 및 당(糖)의 알코올 발효를 치밀한 실험에 의해서 조사하여, 자연발생설을 부정함과 동시에 발효를 '산소 없는 미생물의 생활'이라고 단정하기에 이르렀다.
- 그러나 그가 죽은 후 1897년 E. 부흐너가 살아 있는 세포 없이, 즉 효모추출법에 의해서 수크로오스[蔗糖]가 발효하는 것을 발견하여 발효가 효소에 의한 촉매반응임을 실증하였다.
- 그후 1900년대 초에 A. 하든이나 영을 비롯한 많은 효소화학자에 의하여 효모즙의 발효에 관여하는 효소와 조효소(助酵素)가 잇따라 발견되고 분리되면서 발효과정이 과학적으로 설명된다.

(1) 김치

- 「삼국지」의 '위지동이전'의 기록에 의하면 고구려인들은 이미 채소를 소금에 절이는 형태로 먹기 시작했음을 알 수 있다.
- 이후 통일신라시대와 고려시대를 거치며 단순한 채소 절임의 형태를 벗어나 여러 가지 양념과 채소류를 사용하여 양념된 김치의 형태로 발전되어간다.
- 조선시대에는 고추가 유입됨에 따라 고춧가루를 김치에 사용하였다.

- 김치의 종류가 다양해지면서 젓갈 역시 다양하게 쓰인다.
- 1766년 쓰여진 「증보산림경제」를 보면 41종의 다양한 김치 형태가 소개되어 있는데 통배추를 비롯한 오이, 무 등을 이용해 이미 지금의 김치 형태와 거의 흡사한 방법으로 김치를 담가 먹었음을 알 수 있다.

(2) 청국장

- 청국장은 고구려인들이 콩을 삶아 말 안장에 넣고 다니며 먹었던 것에서 시작되었다.
- 삶은 콩은 말의 체온에 의해 자연스레 발효되어 단백질을 섭취할 수 있는 유용한 음식이 되었던 것이다.
- 이후 1766년 출간된 「증보산림경제」를 살펴보면 '태두를 잘 씻어 삶아서 고석에 싼 뒤 따뜻하게 두면 진이 난다.'라는 기록이 있는데 '전국장'이라 불렸던 이 음식은 오늘날의 청국장과 같은 종류라고 볼 수 있다.
- 청국장은 된장과는 달리 2~3일의 숙성기간만 거치면 먹을 수 있으므로 효율적으로 영양을 섭취할 수 있는 콩 발효식품이라고 할 수 있다.

(3) 된장

- 된장의 초기 형태는 간장과 된장을 섞은 듯한 묽은 형태의 장이었을 것으로 짐작된다.
- 고려시대에는 장 자체를 메주라 불렀고 이것이 조선시대에 이르러서는 장을 만드는 누룩은 말장이라 부르고, 장은 된장이나 간장으로 부르게 된다.
- 조선시대 문헌을 살펴보면 된장 제조의 기본인 메주를 만드는 방법이 나와 있으며, 음식으로서뿐만 아니라 병을 치료하는 여러 가지 민간요법으로도 쓰였음을 알 수 있다.

(4) 고추장

- 고추장이 우리나라에서 만들어지기 시작한 것은 16세기 말에서 17세기 초인 것으로 추정된다.
- 고추가 유입된 초기에는 향신료로 사용했으나 고추 재배가 널리 보급되면서 된장, 간장에 매운맛을 첨가시키는 방법으로 발달되었을 것으로 짐작된다.
- 「증보산림경제」에 따르면 콩으로 만든 말장가루와 고춧가루 등을 이용해 햇볕에 숙성시켜 먹었다고 하니 이것은 오늘날의 고추장과 흡사한 형태였다고 보여진다.
- 고추장은 된장과는 달리 엿기름, 고춧가루 등을 사용하여 단맛과 매운맛이 한데 어울린 독특한 전통 발효식품이다.
- 특히 순창 지역의 고추장이 유명하며, 우리나라 사람들의 식욕을 돋우는 중요한 조미료 중 하나이다.

건강해지는 음식, 한식

- 한국 전통 음식을 꾸준히 섭취하면 서양 음식에 비해 성인병 예방과 생식기능 개선, 비만 예방 등에 고루 도움이 됨
- 2008년 농림수산식품부와 전북대 의대는 함께 '한식 및 전통식품의 우수성에 대한 임상 실험'을 진행하여 이같은 효과를 확인
- 우선 실험 대상자를 두 그룹으로 나눠 한식과 서양식 섭취에 따른 변화를 조사한 결과 한식 섭취군의 정자 운동성 및 남성 호르몬이 증가
- 또 도시와 농촌의 40~50대 남성을 대상으로 한 생식능력 비교에서도 가공, 인스턴트 식품을 거의 접하지 않은 농촌 남성들이 우월
- 아울러 비빔밥, 김밥 등 한식 위주 식단을 따른 사람들은 탄수화물 섭취량이 많더라도 돈가스, 햄버거 등의 서양식 섭취군에 비해 혈당지수가 높지 않고 인슐린 지수도 낮아 당뇨 등 성인병 위험이 상대적으로 적은 것으로 나타남
- 한식에서 빠질 수 없는 고추장, 된장은 비만에도 뚜렷한 효과가 있음
- 고추장, 된장 섭취군의 체지방 및 복부, 내장지방 변화를 12주 동안 관찰한 결과 고추장 섭취군은 중성지방, 된장 섭취군은 내장지방이 줄어들었음

김치 먹으면 늙지 않는다

- 미국 건강전문 월간지 '헬스'에 세계 5대 건강식품으로 선정된 김치는 한국인이 즐겨먹는 우수한 발효식품
- 더불어 김치를 꾸준히 섭취하면 노화 및 암 예방에 효과가 있음이 증명됨
- 이를 밝혀낸 농촌진흥청 연구팀은 세포의 노화유도 전·후에 배추김치 시료를 처리해 세포 노화 예방효과를 조사한 결과, 일반 노화유발세포가 54% 노화되는 반면, 적당히 익은 적숙기 배추김치를 노화유도 전에 처리해 노화를 유도할 경우 최저 25% 수준으로 노화가 유발, 정상 세포에 가까운 기능을 유지하는 등 노화예방 효과가 있음을 확인
- 특히 담근 후 보름 정도 지난 김치에서 노화방지 효과가 가장 뛰어난 것으로 나타났으며, 이는 잘 익은 김치일수록 젖산 발효균의 작용이 가장 활발하기 때문
- 연구팀은 노화예방 효과를 입증한 데 이어 김치 부재료인 마늘, 생강, 고춧가루, 쪽파가 김치 발효균에 의해 발효되면서 항암효과를 더욱 증가시킨다는 사실도 증명
- 양념채소가 김치 부재료로써 발효되면서 항암효과를 더욱 증가시킨다는 것을 밝혀냄

6) 식사 예절

- 식사는 감사한 마음으로 하여야 한다. 예로부터 우리가 음식을 먹을 때는 장만한 분의 노고와 은혜에 감사하는 마음으로 식사하는 것이 예의이다. 음식을 먹으면서 마지못해 먹는 표정으로 먹는다면 대접한 사람의 입장은 어떻겠는가? 그러므로 감사하는 마음으로 즐겁게 식사하는 것이 식사의 기본 예의이다.
- 식사시간이 다소 길어질 수가 있다. 그렇다고 해서 자세가 바르지 못하다면 예의가 아니다. 고개를 너무 숙이고 먹는데만 열중한다든지 자세를 흩트려서 몸을 비꼰다든지 상대방의 다리를 건드리는 것은 상대방을 불쾌하게 할 수가 있으므로 주의하여야 하며 의젓하고도 자연스러운 자세로 식사를 하도록 하여야 한다.
- 옷차림은 단정히 하여야 한다. 식사 중에 옷을 벗는다든지 넥타이를 풀어 헤치는 행동이라든지 바지를 걷어 올린다든지 다른 사람이 식사도 끝나지 않은 식탁에서

화장을 고치는 등의 행동은 교양이 없어 보이는 단정치 못한 행동이다.

- 숟가락과 젓가락을 함께 쥔다든지 음식을 큰소리가 나게 먹는다든지 밥그릇을 돌려가면서 먹는 버릇 혹은 반찬을 헤젓는 버릇 등 예의에 어긋나는 행동의 버릇이 있다면 기억해서 주의하여 상대방에게 불쾌감을 주지 않도록 한다.
- 큰소리를 내지 않도록 한다. 식사 중 남의 이목에는 안중에도 없고 자기 이야기만 큰소리로 말을 한다면 꼴불견이다. 또는 국물이나 숭늉을 마시면서도 큰소리로 후루룩하고 마신다면 역시 교양이 없어 보인다. 밥그릇을 요란스럽게 부딪히는 소리나 숟가락으로 밥그릇 등을 부딪히는 것도 역시 불쾌감을 줄 수 있다. 그러므로 식사 때에는 항시 불필요한 소리가 나지 않도록 주의해야 한다.
- 음식은 깨끗이 먹는 습관을 갖는다. 음식을 지저분하게 남기는 사람도 있고 국물이나 찌개 등을 지저분하게 남긴다거나 그릇의 가장자리에 묻혀놓은 사람도 있다. 숟가락 등에도 김치 국물이 묻는다든지 음식 등을 흘려서 지저분한 느낌을 준다면 예의에 어긋난다.
- 윗사람보다 먼저 숟가락을 들지 않는 게 우리의 식사 예절이다. 부모님이나 윗분들과의 식사 때는 물론 손님을 초대했을 때에는 손님이 먼저 수저를 들고 식사를 시작하면 따라서 식사를 하는 것이 예의이다.
- 식사 중에 자리를 뜨는 것은 예의에 어긋난다. 식사 중에는 자리를 뜨지 않는 것이 원칙이며 식사 중의 전화도 거절하는 것이 예의이다. 혹시 식사 중에 다른 볼일로 손님이 왔을 경우에도 응접실이나 거실에서 기다리게 하고 식사를 모두 마친 후에 다른 볼일을 처리하는 것이 예의이다.
- 식사를 마칠 때에도 단정하게 한다. 마칠 때에도 숟가락이나 젓가락을 나란히 놓아두고 깔고 앉은 방석이나 의자도 가지런하게 정돈하고 일어나는 게 예의이다.
- '잘 먹었습니다, 감사합니다.' 인사를 하는 것이 교양 있는 사람의 예절이다.
- 이쑤시개는 사용하는 것이 아니다. 특히 잘 모르는 사람 앞에서는 절대로 금지하는 것이 옳은 일이다.

③ 한국 상차림 종류

1) 전통 반상차림

밥이 주식이 되고, 그 밖에 여러 가지 반찬을 마련한 상차림으로 반찬 수에 따라 상의 규모가 정해진다.

(1) 3첩 반상

적당히 먹었던 시민의 상차림이다. 기본적인 밥, 국, 김치, 장 외에 생채 또는 숙채, 구이 혹은 조림, 마른 반찬이나 장 또는 젓갈 중 한 가지로, 세 가지 찬을 내는 반상이다.

(2) 5첩 반상

여유가 있는 서민층의 상차림이다. 밥, 국, 김치 2가지, 장(간장, 초간장), 찌개(조림) 외에 생채 또는 숙채, 구이, 조림, 전, 마른 반찬이나 장 또는 젓갈 중 한 가지처럼 다섯 가지 찬을 내는 반상이다.

(3) 7첩 반상

우리나라 전통 상차림의 하나이다. 밥, 국, 김치 2가지, 장(간장, 초간장, 초고추장), 찌개 2가지, 찜 또는 전골 외에 생채, 숙채, 구이, 조림, 전, 마른 반찬이나 장 또는 젓갈 중에서 한 가지, 회 또는 편육 중 한 가지의 찬을 내는 반상이다.

(4) 9첩 반상

반가의 상차림이다. 생채, 숙채, 구이, 조림, 전, 마른 반찬, 장과 젓갈, 회 또는 편육 중 한 가지의 찬을 내며 이 반상에는 전골상이 곁상으로 들여진다.

(5) 12첩 반상

반찬의 가짓수가 많을 뿐만 아니라 식사 예법도 까다로운 편이다. 열두 가지 이상의 찬을 내는 반상으로 수라상이라고도 한다. 수라상에는 대원반, 소원반, 사각반의 세 가지 상이 차려지는데 기존 밥, 국, 김치, 찌개, 찜, 전골 이외에도 생채, 숙채, 구이 2종류(찬 구이, 더운 구이), 조림, 전, 마른 반찬, 장과 젓갈, 회, 편육, 별찬 이렇게 열두 가지가 나오고 조리법이나 양념이 중복되지 않도록 각별히 신경을 쓴 12첩 반상이다. 전국에서 생산되는 명산물을 가지고 궁중의 주방 상궁들의 빼어난 솜씨로 올려지게 된다.

2) 전통 의례상

(1) 돌상

- 아기가 태어난 지 만 1년이 되는 날을 축하하는 상이다. 돌상에 올려놓은 것(쌀, 면, 대추, 흰색 타래실, 청·홍색 타래실, 붓, 먹, 벼루, 책, 활, 돈 등)을 아기가 집도록 해서 아기의 장래를 축복한다. 음식 중에서 떡은 이웃과 함께 나누어 먹는다. 음식으로는 백반, 미역국, 나물, 백설기, 수수경단, 송편, 생실과 등을 차린다.
- 이상과 같은 상차림이 갖추어지면 남자 아이는 색동저고리, 풍차바지, 쾌자를 입히고 복전을 씌우며, 여자 아이에게는 색동저고리, 다홍치마를 입히고 조바위를 씌워 갖추어 입힌 다음 돌상 앞에 무명을 필로 준비하여 방석 삼아 앉힌다. 온 가족이 둘러앉아서 아기가 무엇을 먼저 집는가를 보아 아기의 장래를 예측해 본다. 아기가 커서 생일이 돌아오면 삼칠일 때와 마찬가지로 미역국과 흰밥을 차려주며, 떡을 만들어서 이웃과 친척들끼리 나누어 먹는다.
- 쌀: 장래 부유하고 식복이 많으라는 뜻으로 흰쌀을 깨끗이 대끼고 싸라기 없이 골라 그릇에 담아 놓는다. 아기가 마음대로 휘저어도 좋도록 수북하게 담는다.
- 국수: 장수하기를 비는 뜻으로 놓는다.
- 돈: 부자가 되라는 뜻. 통용되는 지폐나 동전을 놓는데, 옛날에는 굵은 홍실에 대대로 내려오는 엽전을 잔뜩 궤어 놓았다.
- 활 / 자: 남자 아이의 상에 무운과 용맹의 상징으로 놓으며, 여자 아이의 돌상에는 활 대신 자를 놓는데 이것은 바느질을 잘 하라는 뜻이다.
- 책, 벼루, 먹, 붓: 재주가 많고 장래 큰 학자가 되라는 뜻으로 놓는데, 이때 놓았

던 천자문은 잘 보관하였다가 그 아기가 자라면 읽게 하였다.

- 무명타래실: 역시 긴 실끝처럼 오래오래 살라는 뜻으로 놓는다.

(2) 혼례상

- 혼례에는 의혼(議婚), 납채(納采), 납폐(納幣), 친영(親迎)의 네 가지 절차가 있다. 정혼을 하려면 양가 부모의 동의를 받아야 하는데, 이를 의혼이라고 한다. 납채는 신랑집에서 사주단자를 보내면 신부집에서는 택일하여 보낸다. 납폐는 친영 전에 신랑집에서 신부집으로 함을 보내는 절차로서, 함 속에는 채단(采緞)과 혼서지(婚書紙)를 넣는다. 대개 혼인 전날 치른다.
- 친영은 신랑이 신부를 맞이해 오는 일이다. 즉, 신랑이 신부 집으로 장가들러 가는 일로 후행과 구종이 따라간다. 신부집에서는 교배상(交拜床)을 차리고 상견례, 합근례를 치른 다음 이웃을 초청하여 국수장국을 대접한다. 혼례가 끝나면 신랑에게 고배상(망상)을 차려 축하해 주고, 신랑 신부에게 입맷상을 차려준다.

(3) 폐백상

- 혼례 때 신부가 시부모님과 시댁 어른들께 첫인사를 드리는 절차를 '폐백'이라고 하는데 지나치게 형식에 치우쳐 번거롭게 하는 것보다는 폐백의 근본적인 의미를 알고 간편하면서도 성의를 가지고 드리는 것이 좋다. 폐백에 따른 음식은 지방마다 다른데 경기, 충청 지방에서 써왔던 것이 간단하면서도 품위가 있다. 시부모님께는 대추고임과 소고기 산적을 준비하고, 시조부모님께는 시부모님께 드리는 것과 같은 것으로 하거나, 또는 대추고임과 닭산적을 준비한다. 대추는 바깥부모님께, 고기산적은 안부모님께 드리는 것이다.

(4) 회갑상

- 회갑이란 사람이 나서 만 60년이 되는 해를 회갑이라고 한다. 그리고 회갑상은 본인의 자녀들이 그 아버지나 어머니의 장수를 축하하기 위해서 잔치를 베푸는 것

을 말하는데, 이것을 수연 또는 회갑연이라 하여 일가친척과 친한 친구들을 초청하여 술과 음식을 대접한다. 그리고 자녀들이 술을 올리고 절을 하는데 이것을 헌수라 한다. 차리는 음식의 종류는 건과, 생과, 다식, 유과, 당속, 편, 포, 정과, 적, 전, 초 등이다. 회갑연의 당사자인 상을 받을 분 앞에 입맷상을 놓고, 국수, 신선로, 김치, 간장, 초장, 찜, 숙채, 생채, 과일, 회 등을 차린다. 입맷상 앞으로는 큰상을 놓는데, 큰상은 굄상(고배상)이라고 하여 편류, 유과, 조과, 과실 등을 높이 괴어 화려하게 차린다. 큰상을 괴는 음식은 계절에 따라 달라지며, 지역적인 풍습이나 각 가정의 생활 정도, 가풍에 따라 일정하지가 않다. 따라서 굄상에 차리는 음식의 가짓수는 물론, 종류나 높이 등은 형편에 맞추어 알맞게 준비하도록 한다. 그러나 예로부터 전해오는 가장 기본적인 범절이 있는 경우 그것을 따르기도 한다.

(5) 제상

- 제상이란 돌아가신 어른의 기일(忌日)에 가족이나 가까운 친척들이 모여 고인을 추모하며 제사를 모실 때 차리는 상이다. 제사는 우리나라 고유의 풍속으로 조상을 공경하고 그 공덕을 추념하는 행사로, 원래 엄숙하고 그 절차도 아주 까다롭다. 제사의 종류에는 소상, 대상, 기제사, 절사, 천신, 시제, 묘제 등이 있고, 제상을 차리는 형식도 각 가문의 전통과 가세 등에 따라 달라진다. 제상에 차리는 제물(음식)은 정성들여 깨끗하게 만들며, 일반 요리와 달리 화려한 색을 피해야 한다. 제상에는 풍습에 따라 금기 음식이 있다. 복숭아를 쓰지 않는 것이 보통이고, 생선 중에서도 이름의 끝 자가 '치'자로 끝나는 갈치, 꽁치, 준치 등도 쓰지 않는다. 그리고 제상에 쓰는 음식은 재료를 잘게 칼질하지 않고 크게 각을 뜨거나 통째로 양념하여 만든다.

(6) 삼칠일상

- 출생 후 21일이 되는 날로써 아기의 탄생을 축하하고 산모의 노고를 달래는 뜻으

로 차린다. 음식으로는 흰쌀밥에 고기를 넣고 끓인 미역국과, 떡으로는 백설기가 준비된다. 특히, 백설기는 신성의 의미로 아기와 산모를 속인의 세계와 섞지 않고 산신의 보호 아래 둔다는 의미에서 집 안에 모인 가족끼리만 나누어 먹고 대문 밖으로는 내보내지 않는다.

(7) 백일상

- 아기의 수명장수를 빌고, 잡귀를 막는 뜻에서 백설기(백 사람에게 나누어준다는 뜻)와 수수경단을 나누는 것이다. 음식으로는 백설기, 수수경단, 미역국, 흰 밥, 간장 등이 준비된다.

(8) 입맷상

- 혼인 후 신랑과 신부가 양가에서 제일 처음 받는 상이다. 음식으로는 국수, 전골(버섯전골), 찜(갈비찜), 저냐, 편육, 화양적, 신선로, 포, 김치-나박김치, 각색 강정(잣박산)-약과, 편(승검 초편, 꿀편), 각색 정과(생강, 연근), 약식, 복숭아화채, 각색 다식(송황, 흑임자, 녹말), 생실과(배, 참외, 생율, 감) 등을 차린다.

(9) 정월상

- 정월상은 정월 초하루상(설날상)과 정월 대보름상을 들 수 있다.

(10) 정월 초하룻날

- 떡국, 잡누르미, 편육, 저냐, 육회, 떡볶이, 잡채, 구절판, 장김치
- 간장, 초간장, 겨자즙, 약식, 두텁떡, 강정, 밤초, 대추초, 수정과, 식혜, 정과

(11) 정월 대보름

● 교잣상

- 오곡밥, 곰국, 아홉 가지 나물(무, 숙주, 콩, 고사리, 도라지, 시금치, 취, 호박오가

리, 시래기)

- 너비아니구이, 가리찜, 저냐, 잡채, 김구이, 나박김치, 굴깍두기, 약식
- 두텁떡, 원소병, 강정, 약과, 부럼(밤, 잣, 호도, 땅콩 등), 귀밝이술, 부꾸미

(12) 다과

- 차와 같이 먹는 다과로는 송화다식이나 미말다식 같은 다식이나 전통 한과를 먹는 것이 좋지만 차의 맛을 해치지 않는 선에서 적당한 것을 선택한다.

(13) 한국 전통 다례

- 차를 대접하는 행위를 일반적으로 '끽다법, 전다법, 행차법, 다례법'이라고 한다. 이와 같이 차를 우려서 손님을 대접하며 함께 마시는 방법을 다례라고 한다.
- 다례(茶禮)는 한국의 전통 차 의식이다. 다례의 뜻은 차에 대한 예절이다.

행다법식

- 주인과 손님이 함께 인사를 나눈다. 상좌에 병풍치고 그 서남쪽에 주인이 동향해 앉고 주인의 좌측 앞에 시중 들 행자가 동향해 앉으며 손님은 동쪽에서 서향해 주인과 마주보고 앉는다. 모두 오른손이 위로 가게 공수한 손을 오른쪽 다리 위에 올려놓고 앉는다. 인사를 할 때는 오른쪽 무릎을 세우고 두 손을 양옆으로 늘어뜨려 치마자락 밑으로 밀어 넣으며 바닥을 짚으면서 고개를 15도 정도 숙여 다소곳이 경의를 표한다.
- 주인은 우측으로 돌아 찻상을 향하고 행자도 남향해 앉는다. 주인은 차를 만들기 위해 찻상보를 걷는다. 상보는 팔덕을 의미하여 여덟 번을 접어서 상아래에 단정하게 놓는다.

- 주인은 오른손으로 마른행주를 집어다가 왼손에 옮겨 쥔 다음 다시 오른손으로 바꿔 쥐고 솥뚜껑 손잡이를 덮어 쥐어 뚜껑을 열어 오른쪽에 놓는다.
- 주인은 왼손으로 물뜨개(포자)를 집어다가 오른손으로 쥔 다음 솥 위에 걸쳐놓는다.
- 주인은 차받침을 아래로 내려놓고, 물식힘 그릇과 다관은 오른쪽으로 옮겨 놓는다. 그리고 솥 위에 걸쳐놓았던 물뜨개를 오른손으로 들어 솥의 뜨거운 물을 떠서 물식힘 그릇에 붓는다.
- 주인은 물식힘 그릇의 물을 들어 다관에 따른다. 그리고 상 위에 엎어져 있던 찻잔을 하나씩 주인 앞으로 가져와서 두 손으로 뒤집어서 다시 상 위에 갖다 놓는다.
- 주인은 다관을 들어 뜨거운 물을 찻잔마다 1/2 정도씩 골고루 따른다. 다시 물뜨개로 솥의 뜨거운 물을 떠서 물식힘 그릇에 붓고, 차통의 차를 찻숟갈로 조심스럽게 떠서 다관에 넣는다.
- 주인은 다관의 차가 우러날 동안 왼손에 마른행주를 들고 오른손으로 물이 담긴 찻잔을 하나씩 가져다가 마른행주를 든 왼손으로 받쳐들고 1번 돌린 다음 물을 퇴수기에 버리고 찻잔은 제자리에 놓는다.
- 주인은 오른손으로 다관을 가져다가 왼손 위에 올려놓고 찻잔을 돌리듯 1번 정도 돌려서 차가 고루 섞이게 한다.
- 주인은 오른손으로 다관의 손잡이를 들고 마른행주를 쥔 왼손으로 다관 뚜껑을 누른 다음 각 찻잔에 차례로 차를 조금씩 따르고 다시 각 찻잔에 차례대로 차를 따른다. 두 번에 나누어 따르는 것은 각 찻잔의 차의 양과 농도를 똑같이 하기 위해서이다.
- 주인은 상 밑에 놓았던 차받침을 왼손으로 들고 오른손으로 찻잔을 집어다가 차받침으로 찻잔 밑을 한 번 닦은 다음 찻잔을 앞에 있는 상 위에 놓는다.
- 주인의 옆에 앉아 있던 행자가 엄지손가락이 상 위에 올려지지 않게, 네 손가락을 모아서 두 손으로 찻상을 받쳐들고 손님 앞으로 가져간다. 이때 행자는 팔굽이 90도가 되게 손을 굽혀서 상을 앞으로 쭉 빼서 든다.
- 행자는 나이가 위인 손님 앞부터 차례로 찻잔을 놓는다.

- 찻잔을 다 놓으면 주인, 행자, 손님이 함께 '차를 드시라'는 인사를 한다.
- 주인이 차가 잘 달여졌는지 먼저 한 모금 마신다.
- 주인이 손님들께 권하면 손님은 차를 마시고, 주인은 두 번째 차를 준비한다.
- 행자는 찻잔을 받쳤던 상을 주인 옆으로 가지고 와서 과자그릇을 받쳐서 다시 손님 앞으로 가져간다. 과자그릇을 손님 앞의 상 위에 올리고, 연장자 앞으로 손잡이가 가도록 젓가락을 과자그릇 위에 놓는다. 이때 주인은 두 번째 차를 상 위에 놓고 손님과 담소하며 다과를 든다.
- 다 먹으면 행자는 다관 찻잔 과자 접시를 상에 받쳐서 주인 앞에 가져다 놓고, 주인은 찻잔에 찬물을 붓는다.
- 주인은 찻잔을 헹구어 퇴수기에 물을 쏟고, 찻잔을 마른행주로 닦아서 상 위에 포개 놓는다. 물식힘 그릇과 다관도 마른행주로 닦아 상 위에 놓고, 차받침은 닦아 다관 아래에 놓고 마른행주를 제자리에 놓는다. 찻숟갈은 차받침 위에 놓고, 차통은 차받침의 오른쪽 옆에 놓는다.

memo

2. 타 문화 식사의 이해

1 서양 테이블 매너 이해

1) 테이블 매너

(1) 식사 전 매너

- 고급 식당은 정장을 하여야 한다.
- 식사예약을 반드시 한다.
- 약속시간 5~10분 전에 도착하여 주최자에게 인사한 후 응접실에서 기다린다.
- 연회장에 들어가기 전에 반드시 화장실에 가서 손을 씻고 일을 마친다. 식사 도중에 자리를 뜨면 실례가 된다.
- 연회장에는 불필요한 물건을 가지고 들어가지 않는다.
- 연회장에는 서비스맨의 안내에 따라 들어가 정해진 자리에 앉는다. 테이블 매너로는 레이디 퍼스트가 기본 규칙이므로 여성이 먼저 자리에 착석한다.
- 착석한 자세도 테이블 매너의 기본이 되므로 주의를 요한다. 테이블과 가슴과의 거리는 주먹 2개가 들어갈 정도로 떨어져야 하므로 의자를 잡아당겨 앉고 가슴을 편다. 다리를 꼬지 않으며 테이블에 팔꿈치를 괴지 않는다.
- 냅킨은 전원이 착석한 후 펴서 무릎 위에 놓고, 식사 중에 떨어지지 않도록 한쪽 끝을 옷 사이에 살짝 끼워 놓는다.
- 아페리티프(식전주)는 자기의 기호에 따라 분명하게 주문하고, 무리하여 익숙하지 않은 것이나 알코올 성분이 강한 것을 마시는 일은 삼간다.
- 식사를 시작하기 전에 양 옆에 앉은 사람에게 가볍게 인사하고 간단한 자기소개를 하여 식사 중의 환담에 도움이 되게 한다.

(2) 식사 중 매너

- 식사의 순서에 따라 사용하는 나이프·포크·스푼 등은 차려 놓은 상태에서 바깥쪽으로부터 차례로 사용한다.
- 식사를 시작하는 것은 다른 사람과 함께 하여 보조를 맞춘다.
- 식사하는 시간도 연회장의 대부분의 사람들과 보조를 맞추어 혼자 너무 빠르지도 느리지도 않도록 한다.
- 수프는 소리나지 않게 떠먹는다.
- 빵은 한 번에 입에 넣기 좋은 크기로 떼어 버터를 발라 먹도록 한다. 큰 덩어리째로 버터를 바르지 않도록 한다.
- 버터는 적당한 양을 자기 접시에 덜어다 놓은 후 빵에 바른다.
- 빵은 나이프나 포크를 사용하지 않고 손으로 떼어 먹는다.
- 생선이나 육류요리를 서비스받을 때는 무리하여 자기가 덜어 오지 말고 서비스맨이 덜어 주는 대로 받도록 한다.
- 고기 요리에 곁들이는 채소와 소스가 다 들어온 뒤에 먹기 시작한다.
- 식사 중에는 즐거운 분위기를 만들기 위하여 옆 사람들과 가벼운 담소를 나누어야 한다. 묵묵히 식사만 하면 실례가 된다.
- 때에 따라 식전 또는 식사 후 디저트를 들 때 테이블 스피치를 할 때가 있는데, 이때는 사회자가 지명하여 스피치를 하게 되며, 결혼 축하연·각종 축하연·기념회·송별회 등에서는 대개 스피치할 사람이 많으므로 3분이 넘지 않게 간단히 끝내는 것이 바람직하다.
- 식사 도중에 자리를 뜨는 것은 실례가 되나 불가피하게 자리를 떠야 할 때는 냅킨을 의자 위에 놓도록 한다. 냅킨을 옷에 끼운 채 움직이면 실례가 되고 보기에도 좋지 않다.
- 나이프나 포크를 바닥에 떨어뜨렸을 때는 자기 스스로 집지 말고 서비스맨에게 얘기하면 다른 것을 가져다 준다.
- 소금이나 후추는 팔을 길게 뻗어 집어오지 말고 옆 사람에게 부탁하여 전달받는다.

- 식사가 끝나면 나이프와 포크를 가지런히 접시 위에 놓고, 끝나지 않았을 때는 접시 양쪽에 걸쳐 놓는다. 자기에게 배분된 음식은 되도록 남기지 말고 깨끗이 먹는다. 음료는 자기 오른쪽에 있는 것을 마시고, 빵과 샐러드는 왼쪽에 있는 것을 먹는다. 술 또는 커피 같은 음료를 원하지 않을 때는 분명하게 거절하도록 한다. 마시다 남기면 실례이다. 생선은 접시 위에서 뒤집지 않는다. 로스트 치킨과 통째 내놓은 옥수수와 빵은 손으로 먹어도 좋으나, 그 외의 음식은 손으로 먹어서는 안 된다. 샐러드는 육류요리와 번갈아 먹어도 좋다. 스파게티는 포크에 감아서 먹는다. 아이스크림에 붙어 있는 웨이퍼는 아이스크림의 찬 느낌을 덜기 위한 것이므로 아이스크림과 번갈아 먹는다. 커피를 다 마신 후 스푼은 컵 속에 담아 놓지 말고 접시 위에 놓는다. 핑거 볼(손가락과 입을 씻기 위하여 물을 담아서 내놓는 그릇)에는 양쪽 손을 함께 넣어 씻지 말고 한 손씩 씻는다.

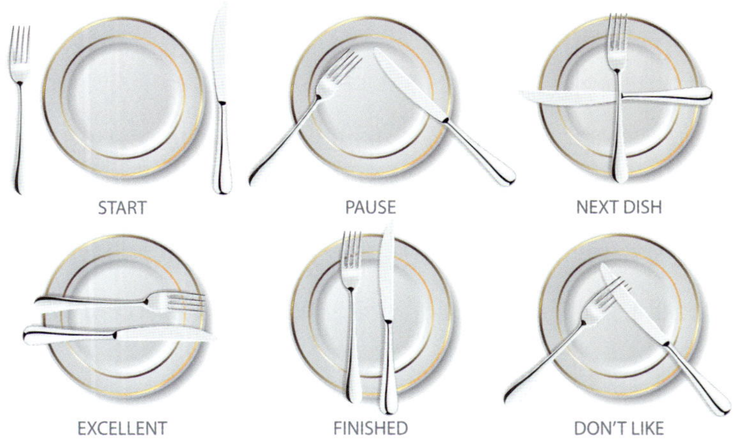

(3) 식사 후 매너

- 냅킨은 자리에서 일어날 때 보기 좋게 적당히 접어 테이블 위에 놓는다.
- 식사가 끝난 후 테이블에서 화장을 고치거나 사람들 앞에서 바지를 추켜올리지 않는다.
- 계산은 서비스맨에게 요청하여 식탁에서 하는 것이 정식이다.

- 퇴장할 때는 옆 사람들에게 가볍게 인사를 한다.
- 퇴장할 때는 주최자에게 반드시 정중하게 인사를 해야 한다.

2) 양식 테이블 매너

(1) 왼쪽 빵과 오른쪽 물이 내 것 '좌빵우물'

가장 혼돈하는 것이 빵과 물의 위치이다. 이럴 때는 앞에 놓인 가장 큰 접시를 기준으로 왼쪽 빵과 오른쪽 물이 본인 것이다. 이른바 '좌빵우물', 와인도 물과 같이 오른쪽에 놓인 것이 자신 것이다. 유럽에서는 대부분 왼손으로 음식을 먹는 것이 예의이다.

포크는 왼손에, 나이프는 오른손을 생각하면 된다. 또 왼손에 빵을 들고 오른손으로 버터를 발라야 하는 이유도 있다. 빵 바구니에 빵이 담겨 나오는 경우에는 빵을 왼쪽 접시에 덜고 바구니를 왼쪽 방향으로 전달해 주면 된다.

(2) 식사 시작은 '8시 20분', 끝은 '4시 20분'

'식사 시작은 8시 20분, 끝낼 때는 4시 20분'이라는 말을 기억해 두는 것도 쉽게 테이블 매너를 익힐 수 있는 방법이다. 실제 시각을 말하는 것이 아니고 식사 도중에 잠시 포크와 나이프를 내려놓을 때는 시계의 '8시 20분' 모양으로 놓으면 '식사 중'이라는 의미이며, '4시 20분' 모양으로 놓으면 식사를 마쳤다는 의미다. 이때 나이프의 날은 포크를 향해야 한다.

(3) 냅킨은 가슴이 아닌 무릎에

첫 요리가 나오기 직전에 펴서 반을 접은 뒤, 접힌 쪽이 안쪽으로 놓이도록 무릎 위에 올려둔다. 보통 냅킨을 '툴툴' 털어서 활짝 편 뒤 무릎에 올리거나 가슴에 대는 경우가 있는데 모두 매너에 어긋난다. 자리를 비울 땐 의자 위에 올려둔다.

테이블 위에 올려두는 것은 식사가 끝났음을 의미한다. 입을 닦을 때는 겉이 보이지 않는 안쪽으로 조심스럽게 닦으면 된다.

(4) 생선은 뼈를 발라 먹어야

생선은 뒤집지 않아야 한다. 살만 발라내어 접시 앞쪽으로 옮겨서 먹고 뼈를 발라낸 뒤 다시 아랫부분을 먹는다. 입안에 가시가 있을 때는 뱉거나 손가락으로 집지 않고 포크로 받은 후 접시에 놓는 것이 매너이다.

(5) 빵에 칼을 사용하는 것은 No

서양에서 포도주와 빵은 예수의 피와 몸을 상징한다. 이러한 믿음 때문에 빵은 손으로 뜯으며, 절대 칼을 대지 않는 것이 테이블 매너다.

또 빵은 입맛을 정돈하기 위해 먹는 것이므로 미리 수프 등을 찍어 많이 먹게 되면 메인 음식의 맛을 제대로 음미할 수 없기 때문에 적게 먹어야 한다.

(6) 스테이크는 '블루'로 해 주세요?

스테이크의 굽기 정도는 다양하다. 흔히 우리나라 사람들은 레어, 미디엄, 웰던 등 3종류를 알고 있다. 하지만 서양에서는 블루, 레어, 미디엄 레어, 미디엄, 미디엄 웰던, 웰던, 베리 웰던 등 7종류 가운데 하나를 주문한다.

스테이크 굽기 정도

- 블루(Blue): 레어보다 덜 익힌 상태로 겉면부터 피가 흐르도록 굽는다.
- 레어(Rare): 겉면은 짙은 붉은색 색깔만 내고 자르면 피가 흐르도록 굽는다.
- 미디엄 레어(Medium Rare): 겉면은 선명한 붉은색으로 자르면 피가 보일 정도로 굽는다.
- 미디엄(Medium): 겉면은 옅은 붉은색으로 절반 정도 굽는다.
- 미디엄 웰던(Medium Welldone): 겉면은 핑크색으로 단단하게 굽는다.
- 웰던(Welldone): 겉면은 옅은 회색으로 육즙이 조금 있게 단단하게 굽는다.
- 베리 웰던(Very Welldone): 겉면은 톨회색으로 육즙이 거의 없고 단단하게 굽는다.

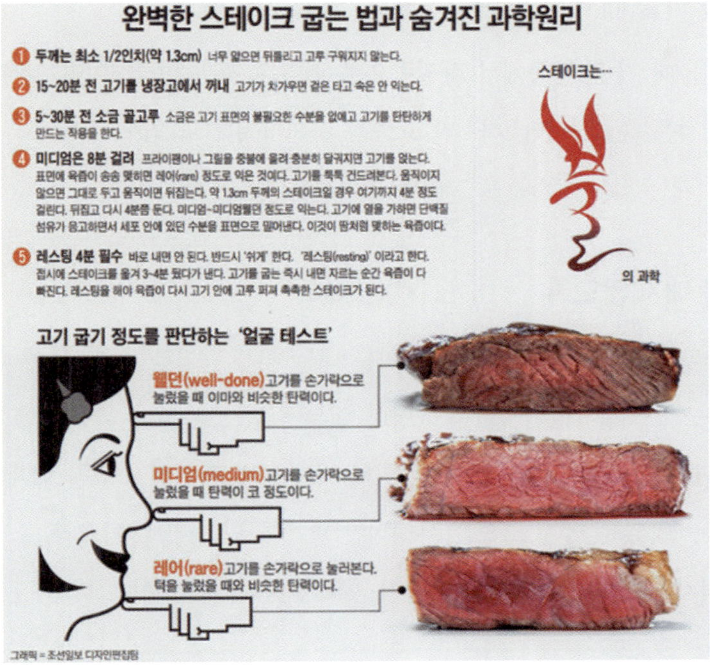

출처: https://blog.naver.com/giio179/221064251032

출처: https://blog.naver.com/lee_ryubin/222267492125

(7) 수프를 먹을 때 미국은 바깥쪽으로, 영국은 안쪽으로

수프를 먹을 때 가슴 앞쪽에서 바깥쪽으로 떠먹는 것은 미국식이며, 바깥쪽에서 안쪽으로 먹는 것은 유럽식이다. 하지만 요즘은 자신이 편한 방법으로 먹는 추세다. 수프를 다 먹었을 때는 접시에 스푼을 그대로 올려놓는다.

(8) 소리를 내지 않도록

양식은 기본적으로 음식을 먹을 때 소리를 내는 것을 금기로 한다. 특히 수프를 먹을 때 '후루룩'하고 소리를 내는 사람을 교양이 없는 사람으로 본다. 우리들의 관습으로는 음식을 맛있게 먹어야 '복스럽다'하여, 열심히 먹다 보면 자연히 소리를 내게 된다. 그러나 양식에서는 '맛있게 먹는 모습'은 부정적인 평가를 받는다. 나이프와 포크가 맞부딪치는 소리, 식기와 부딪치는 소리들이 나지 않도록 특히 조심해야 한다.

(9) 바른 자세

식탁에서의 바른 자세는 동서고금(동양과 서양, 옛날과 지금이라는 뜻)을 막론하고 한결같이 요구되고 있는 매너이다. 어떤 경우에라도 흐트러진 모습으로 식탁에 앉아서는 안 된다. 우리들이 특히 조심을 해야 할 것은, 다리를 꼬고 앉거나, 왼쪽 팔꿈치를 테이블 위에 올려놓는 것, 식사 중 의자 등받이에 기대는 것 등이다.

(10) 요리 방법을 구체적으로 선택

음식을 먹는 데 까다로워야 하는 것이 양식의 매너이다. 달걀 프라이 하나를 먹는 데도 그 방법과 상태를 자신의 기호에 맞게 주문하는 것이 정상이며, '적당히 알아서 주시오.'하는 식으로 개성이 없는 주문을 하는 것은 오히려 상대를 당황하게 한다.

예를 들어, '달걀 프라이를 주시오.'라고 주문을 하면 서비스맨은 다시 묻는다. '어떻게 해 드릴까요?'이 질문은 프라이를 한 쪽만 할 것인지, 양쪽 다 할 것인지, 또는 양쪽을 다 하되, 한쪽을 더 익힐 것인지를 묻는 것으로 달걀 프라이 하나에도 선택의 폭은 3가지가 되는 것이다.

(11) 대화 속에서 음식을 즐기며

음식을 먹을 때는 대화를 하면서 즐기는 것이 매너로, 이를 테이블 컨버세이션(Table Conversation)이라 한다. 아무 말 없이 음식만을 먹으면 식탐하는 사람으로 보여 타인으로부터 무시를 당하게 된다. 그런데 식사 중 대화를 한다는 것이 자칫 입안에 음식을 넣고 말하는 사람이 있는데, 이렇게 하면 대단히 천한 사람으로 취급받는다.

테이블 매너

- **상석고심:** 서비스맨이 의자를 제일 먼저 빼주는 자리가 확실한 상석이다. 전망이 좋은 곳이나 출입구에서 가장 먼 자리를 상석으로 본다.
- **냅킨자제:** 자리에 앉자마자 냅킨을 펼치는 건 실례. 첫 요리가 나온 뒤 무릎 위에 펴놓는 것이 정석이다. 얼굴에서 입 외의 부위는 닦지 않고 입가를 톡톡 두드리는 정도로만 쓴다. 장시간 자리를 비울 때는 의자 등받이에 걸쳐놓는다.
- **맨손무방:** 전채로 나온 셀러리·파슬리·양파·당근·아스파라거스, 사이드 메뉴로 나오는 통옥수수·새우·크리스피, 디저트로 나오는 초콜릿이나 닭다리는 손으로 먹어도 실례가 되지 않는다. 카나페는 손으로 먹는 것이 올바른 방법이다.
- **바깥부터:** 접시 양쪽으로 펼쳐진 포크와 나이프는 요리가 나올 때마다 새로 세팅되는데 무조건 가장 밖의 것부터 사용하면 된다.
- **좌측먼저:** 세팅된 접시의 위치나 방향은 바꾸지 않고 접시의 왼쪽에 놓인 음식부터 먹는 것이 원칙이다.
- **좌빵우물:** 원형 테이블의 경우 양쪽에 놓인 빵과 물의 주인이 헷갈리게 마련이다. 빵은 왼쪽, 물은 오른쪽에 있는 것이 자기 것이다. 빵이 처음부터 테이블에 세팅된 경우 조금씩 집어 먹는 건 괜찮지만 원래는 수프 후에 먹는 것이 정석이다. 빵은 요리와 함께 먹기 시작해 디저트 전에 먹기를 끝내는 게 좋다. 양식에서의 빵은 다른 요리를 즐기기 위해 입을 '씻어내는' 도구적인 의미가 크기 때문이다. 바스켓에 든 빵은 남자가 들어 여자에게 먼저 권한다. 잼은 아침에만 곁들여져 나오므로 점심과 저녁에는 잼을 요구하지 않는다.
- **조금썰기:** 스테이크를 먹기 전에 먼저 다 썰어놓지 않는다. 육즙이 빠진다는 미각적인 이유도 있고 유치한 행동으로 간주되기 때문이다. 먹을 때마다 한입 크기로 썰어 먹는다.
- **양손레몬:** 생선에 레몬을 뿌릴 때는 한 손으로 짜되 옆사람에게 튀지 않도록 가리거나, 생선 위에 놓고 한쪽 끝을 포크로 고정해 나이프로 가볍게 눌러 즙을 낸다. 입속에 들어간 가시를 발라낼 때는 손으로 집어내지 말고 포크에 살짝 뱉어 접시 한쪽에 놓는다.

서양 테이블의 순차적 매너

1. 입장

❶ 복장은 남성은 정장, 여성은 원피스나 슈트 등이 적당하며, 색상은 검정이나 흰색 등 단색이 적당하다.

❷ 식당에 들어가기 전에 준비된 물로 손을 씻고 들어가서 자리를 잡은 후에는 손을 씻지 않는다.

❸ 들어가기 전에 문 앞에서 서비스맨이 안내하는 식당인지를 확인하고, 좌석 지정 식당인 경우에는 서비스맨의 안내 없이 빈자리에 마음대로 앉지 않는다.

❹ 부피가 큰 휴대물은 클로크룸에 맡기고 들어간다.

❺ 서양인의 매너에서는 여성이 우선하므로, 여성이 먼저 서비스맨의 안내를 받아 들어가고, 남자는 뒤따라 들어간다.

❻ 자리에 앉은 후 주변을 두리번거리지 않는다.

❼ 서비스맨은 소리로 부르지 않으며, 시선이 마주칠 때까지 기다려서 수신호로 부른다.

2. 메뉴 주문

❶ 반드시 메뉴를 한 번 살펴보고 주문하며, 메뉴를 보지 않고 주문하는 것은 실례가 된다.

❷ 메뉴에 대해서 아는 체하지 않으며, 모르는 메뉴는 서비스맨에게 무엇인지 물어보는 것이 예의이다.

❸ 손님으로 초대받아 갔을 경우 초청자보다 비싼 것을 주문하지 않는 것이 예의이며, 메뉴에 쓰여 있는 요금을 보고 중간층을 주문하는 것이 무난하다.

❹ 옆 테이블의 음식과 같은 것을 먹고 싶다면 눈으로 가리키며 묻는 것이 예의이며, 직접 손으로 가리켜서는 안 된다.

❺ 여성은 직접 주문하지 않으며, 동행한 남성에게 먹고 싶은 메뉴를 말하고, 남자가 대신 주문하는 형식을 취한다.

3. 나이프, 포크

❶ 나이프와 포크를 실수로 떨어뜨리면 줍지 않고 서비스맨을 통해 새것을 가져오도록 한다.

❷ 나이프와 포크를 쥔 채 말하지 않는다. 나이프와 포크가 눈앞에서 왔다갔다 하면 좋지 않다.

❸ 나이프를 접시 위에 놓을 때는 칼날이 자기를 향해서 밖으로 놓이지 않게 한다.

❹ 포크는 날이 위를 향하여 뒤집어 놓지 않는다. 그러면 식사가 다 끝났음을 의미한다.

❺ 나이프와 포크를 사용할 때에는 부딪치는 소리가 나지 않도록 한다. 쨍그랑 소리는 동시에 예절이 없음을 나타낸다.

❻ 나이프로 스테이크를 자르는 경우 밀 때 힘을 주고, 당길 때 유연하게 하면 톱질하는 것과 같이 보이지 않는다.

4. 냅킨

❶ 냅킨은 혼자서 먼저 펴지 않으며 반드시 주빈이나 초청자와 맞추어서 펴는 것이 예의에 어긋나지 않는다.

❷ 냅킨은 식사 중에 테이블에 놓아서는 안 되며, 놓고 싶을 때에는 의자 위에 놓아야 한다.

❸ 여성은 냅킨에 립스틱이 묻어나지 않도록 식전에 립스틱을 살짝 닦아 내고 사용하는 것이 바람직하다.

❹ 냅킨은 한 쪽 귀퉁이를 제한적으로 사용하는 것이 바람직하며 손수건과 같이 전체를 함부로 사용하는 것은 옳지 못하다.

❺ 식사가 끝나면 냅킨을 잘 개어 놓을 필요는 없으며, 대충 개어서 포크가 놓인 왼쪽 테이블에 놓는 것이 좋다.

5. 식전주

❶ 식전주를 주문할 경우 '적당한 것을 달라.'는 식의 주문은 하지 않는다. 따라서 평소 자신이 좋아하는 칵테일의 이름을 기억할 필요가 있다.

❷ 카나페는 손으로 먹기 때문에 포크로 찍어 먹지 않는다.

❸ 양식에서 술은 취하기 위하여 마시는 것이 아니므로, 칵테일은 일반적으로 2잔 이상 마시지 않는다.

6. 수프

❶ 수프는 소리를 내어 마시지 않는다.

❷ 뜨거운 수프를 식힐 경우 입으로 불어서 식히지 않으며, 스푼으로 저어서 식힌다.

❸ 수프를 먹었을 때 생각보다 뜨거울 경우에는 유리잔 속의 물을 마신다.

❹ 수프를 흐르지 않게 하기 위해 너무 입을 그릇에 가까이 하지 않는다.

❺ 수프를 먹을 때 스푼을 빨지 않는다.

❻ 스푼은 옆쪽으로 사용하지 않는 것이 예의이며, 스푼의 끝이 입으로 들어오도록 해야 한다.

7. 생선요리

❶ 생선요리가 먼저 나왔다 하더라도 소스가 나오지 않는 한 먹지 않는다. 생선은 소스를 친 후에 먹어야 한다.

❷ 묽은 소스는 고기에 직접 사용하나, 진한 소스는 접시에 덜어 고기를 찍어 먹는다.

❸ 즙을 내기 위한 레몬은 즙을 낸 후 함부로 버리지 않으며, 접시 한 쪽에 보기 좋게 놓는다.

❹ 생선은 뒤집어서 먹지 않는다. 한 쪽을 다 먹으면 뼈를 발라내서 그대로 먹는다.

8. 빵과 버터

❶ 빵은 칼이나 치아로 잘라 먹지 않으며, 손으로 뜯어 먹는다.

❷ 빵은 부분적으로 남기지 않고, 한 쪽을 먹기 시작했으면, 그것을 다 먹고 남기는 일이 없어야 한다.

❸ 토스트는 아침에만 먹는 것이 원칙이며, 점심, 저녁 식사에서 토스트를 주문해서는 안 된다.

❹ 빵은 수프를 먹기 전에 먹어서는 안 되며, 수프를 먹고 난 후 먹는 것이 일반적이다.

❺ 빵은 우유나 수프에 적셔 먹지 않는다.

❻ 버터는 버터 그릇에서 떠서 자기 빵 접시 6시 방향에 놓고 다시 찍어 먹는 것이 원칙이다.

❼ 빵을 먹을 때에는 오른손으로 먹는 것이 원칙이다.

9. 와인

❶ 양식에서 와인은 생선요리, 고기요리에 필수적이다. 귀한 손님을 대접하는 경우 와인이 빠져서는 안 된다.

❷ 와인은 향기, 색깔, 맛을 음미하며 한 번에 마시지 않는다.

❸ 와인은 와인 글라스에 가득 부어 마시지 않는다.

❹ 샴페인은 흔들지 않고 사용하며, 냉장고에 보관한다.

❺ 와인을 보관할 때는 병을 세워 놓지 않는다. 코르크 마개가 마르면 쭈그러들어 공기가 들어가므로 크로크는 항상 젖어 있어야 한다.

❻ 좋은 와인은 밑에 앙금이 있다. 따라서 따를 때는 앙금이 생기지 않도록 급하게 따르지 않는다.

❼ 와인은 공기와 접촉해야 제맛이 난다. 공기와 접촉시키려면 와인잔을 이리저리 흔들어 접촉시간을 갖는다.

❽ 와인은 소주 마시듯 단번에 마시지 않으며, 입안에서 한 모금씩 굴리며 충분히 혀로 맛을 느낀 후 마신다.

❾ 와인은 기름기 묻은 입으로 마시지 않는다. 따라서 와인을 마시기 전에 입 주변을 냅킨으로 정리한다.

❿ 상대방이 술을 따라 줄 때는 잔을 올리거나 잡지 않는다.

10. 스테이크

❶ 스테이크류는 크게 잘라서 먹으면 입모양이 보기에 좋지 않으므로 크게 잘라서 먹지 않는다.

❷ 스테이크는 한 번에 다 잘라놓고 먹는 것은 예의가 아니며 한두 점씩 잘라가면서 먹어야 한다.

❸ 스테이크는 왼쪽에서부터 잘라 먹는다.

❹ 스테이크나 고기는 반드시 세로로 자른다.

❺ 고기는 좌우로 당겨서 자르지 않는다.

❻ 고기와 야채를 동시에 입안에 넣지 않는다.

11. 샐러드

❶ 샐러드 접시를 자기 손으로 옮기는 것은 옳지 못하며, 서비스맨이 갖다 놓은 위치에

그대로 놓고 먹는다.

❷ 샐러드는 포크로만 먹는다.

12. 디저트

❶ 아이스크림은 형태가 망가지지 않도록 자기 앞쪽부터 먹는다.

❷ 아이스크림을 웨이퍼에 얹어 먹지 않으며 따로 먹는다.

❸ 홍차에 곁들인 레몬은 손으로 짜지 않으며, 스푼으로 가볍게 즙을 내고 그대로 먹는다.

❹ 모서리가 있는 케이크는 모서리 부분부터 잘라 먹는다.

13. 건배법

❶ 양식에서는 디저트 코스에서 건배를 한다. 공식연회에서는 주최자가 축의를 표하는 시점에 건배한다.

❷ 건배 시에는 술을 마시지 못하는 사람도 술을 받아 놓는다.

❸ 건배 시 잔만 올려서 참가하고 술은 마시지 않아도 좋다.

❹ 술이 싫다고 물을 따라서는 안 되며, 정말 싫다면 양해를 구해 주스나 콜라를 따라도 가능하다.

❺ 축배를 받는 주인은 좌중의 사람들과 같이 잔을 올려 제의를 받는다. 이때 주빈만은 자리에서 일어서지 않고 앉은 채로 건배를 받은 다음 일어서서 예를 표하는 것이 일반적이다.

❻ 잔을 들어올릴 때의 높이는 눈높이가 적당하며, 서로 마주보며 축배를 올릴 때 상대의 눈에 시선을 둔다.

❼ 잔을 올려 건배를 하고 난 다음에는 잔을 입에 대고 한 모금 마시거나 마시는 시늉을 해야 한다. 잔만 올리고 내리는 경우는 큰 실례가 된다.

❽ 앉아서 건배를 할 경우 전원이 일어나는 것이 원칙이며, 이때 앉아서 잔을 들고 일어나서는 안 되며, 먼저 일어난 후 식탁의 잔을 들도록 해야 한다.

❾ 건배 후 앉을 때에는 식탁 위에 잔을 놓고 난 후 앉는다.

❿ 건배 시 잔을 들고 있을 때는 글라스의 윗면이 자신의 턱과 가슴의 중간 높이에 오도록 한다.

⓫ 잔을 잡을 때는 몸체를 잡지 않고 잔의 다리를 엄지, 인지, 중지 등 세 손가락을 합해서 쥐는 것이 올바른 방법이다.

2 일본 테이블 매너 이해

1) 일본

일본은 수많은 섬으로 이루어져 있고 사계절이 뚜렷하여 각 계절에 수확되는 작물에 따라 조리법이 다양하게 발달하였다. 일본요리에는 한국과 중국문화의 영향을 받은 흔적이 보이지만 섬 나라의 특성상 생선 조리법이 다양하다. 과거에는 불교의 영향으로 육류나 생선요리가 일반화되지는 않았으나 근래에는 경제성장에 따른 국민소득이 향상되고 저장기술 및 유통체계의 발달로 생선회가 일반화되고 있다.

일본은 식사 예절이 엄격하고 복잡하다. 식사하기 전에 반드시 잘 먹겠다는 인사를 한다. 식사 전반에 걸쳐 자세를 바르게 하고 음식 먹는 소리가 나지 않도록 한다.

- 주식인 쌀과 부식의 구별이 뚜렷하다.
- 해조류와 버섯의 상용 채소를 많이 먹는다.
- 재료의 본맛을 살려서 조리하기 때문에 향신료를 진하게 사용하지 않는다.
- 콩을 이용한 음식문화의 발달로 낫토(메주콩을 발효시켜 만든 것), 각종 두부요리 등이 있다.

(1) 다다미방에 들어갈 때

일본 요리는 다다미방에 앉아서 식사하는 것이 격식이다. 현관에 들어갈 때 코트를 벗어서 서비스맨에게 맡기거나 방에 가지고 가서 옷걸이에 걸거나 얌전히 개어서 자리에 앉는다. 모자를 쓰고 있을 때 남자는 현관에서 벗고 여성은 쓰고 있어도 관계없다.

웃어른이나 주인보다 먼저 자리에 앉아 있어야 하며, 물러날 때는 웃어른이나 주인이 일어서면 이에 따른다.

(2) 방석에 앉을 때

일본 요리집은 다다미방에 방석이 놓여 있는 것이 보통이다. 방석 위에 앉을 때 무릎을 꿇고 앉아야 하기 때문에 외국 사람은 약간 불편하다. 그러나 공간이 좁기 때문에 아무렇게나 앉을 수도 없다. 우선 무릎을 꿇고 앉은 후에 가끔 남이 눈치 채지 않도록 발바닥을 바꾸어가면서 앉으면 약간은 편하다. 근래에는 다다미방에서 다리를 편히 내려놓도록 움푹 파여진 호리 고다쯔가 있는 곳도 있어서 그런 곳에서는 걸터앉기만 하면 된다.

(3) 상의를 탈의하기에 알맞은 때

남자들은 다다미에서 양복 상의를 입고 앉아 있으면 매우 불편하다. 초면인 사람과 식사를 하는 데 처음부터 상의를 탈의하는 것이 약간 결례가 될 수 있으므로 처음에는 단정히 입고 있다가 요리가 진행되면서 사시미가 나오는 타이밍 정도가 적당할 것 같다. 이때가 술도 한 잔 마셨고 서로가 통성명도 끝났으니 긴장도 약간 풀릴 때가 되었기 때문이다.

(4) 자리 배정

손님을 모시는 자리에서는 모시는 쪽이 여러 모로 신경을 쓰기 마련이다. 우선 자리 배정부터 그렇다. 일본 다다미방에도 상석이 있다. 다다미방에는 '도꼬노마'라는 자리가 있다. 그곳에는 가께지꾸(족자)를 걸어놓고 있다. 그 족자 앞이 바로 상석이다. 이곳은 연회석의 정면으로 입구에서 멀고 정원이 잘 보이는 곳이다. 그 반대인 곳, 즉 문에서 가깝거나 창문이 등뒤에 있다든가 복도가 가까운 곳은 아랫사람이 앉는 자리이다.

상석이냐 하석이냐 하는 것은 '도꼬노마'를 중심으로 결정되므로 서비스맨은 주빈이 상석에 앉을 수 있도록 자리를 안내한다. 그 다음의 좋은 자리가 주빈의 오른쪽 자리이고 왼쪽이 그 다음 가는 자리이다.

(5) 일본 주도

- 손님이 자리에 앉으면 서비스맨이 차와 물수건을 가지고 들어온다. 그리고는 술 주문을 받는다. 술은 도쿠리라고 부르는 도자기 병에 담겨져 나온다.
- 술을 따를 때 남자는 왼손으로 술병을 잡고 왼쪽 무릎에 놓고 오른손으로 따른다. 여자가 따를 때는 오른손으로 술병을 잡고 왼손으로 병을 받치면서 따른다.

받는 사람도 남성은 한 손으로, 여성은 두 손으로 잔을 들고 마시는 것이 좋다. 예전에는 여성이 술을 따르는 것을 당연하게 여겼지만 지금은 여성이기 때문에 따른다는 사고방식은 없다. 다만, 여성이나 남성이나 옆 사람 잔이 비어 있을 때는 서로 따르는 것이 좋다. 또 첨잔도 상관없다.

- 식사 중에 옆 사람이 술을 따르면 젓가락을 상에 놓고 받도록 한다. 젓가락을 쥔 채(즉, 음식을 먹으면서) 술을 받는 것은 결례가 된다.
- 일본에서는 술자리는 언제나 건배로 시작한다. 잔을 눈높이까지 들어올려 '건배'라는 구호를 복창한 후 마신다. 술을 마실 수 없는 사람도 건배를 한 후 잔에 입을 대는 시늉을 한다.
- 건배가 끝나기 전에는 음식에 손을 대지 않는다.
- 술을 따를 때는 상대방의 오른쪽으로 가서 오른손으로 병 밑을 가볍게 받치듯이 하고 잔의 80% 정도를 채운다.

(6) 식사 시

- 뚜껑이 있는 경우에는 밥그릇, 국그릇, 조림그릇의 순서로 뚜껑을 벗긴다. 상의 왼쪽에 있는 것은 왼손으로 뚜껑을 쥐고 오른손을 대어 물기가 떨어지지 않게 뒤집어서 상 왼쪽 다다미에 놓는다.
- 밥: 양손으로 밥공기를 들어 왼손 위에 올려놓고, 그대로 오른손으로 젓가락을 위에서 집어 왼손 손가락 사이에 끼운다. 그런 다음 다시 오른손으로 쓰기 좋게 잡고 젓가락 끝을 국에 넣어 조금 축인 뒤 밥을 한 입 먹는다.
- 국: 국그릇을 두 손으로 들어 앞에서와 같이 젓가락을 들고 건더기를 먹고 국물을 한 모금 마신다. 이때 젓가락으로 건더기를 누르고 마신 후에 놓는다.
- 반찬: 조림은 그릇째로 들거나, 국물이 없는 것은 뚜껑에 덜어서 먹는다. 회는 나눔 젓가락으로 접시에 가장자리에서부터 차례로 작은 접시에 덜어 와사비(고추냉이)를 곁들인 간장에 찍어 먹는다. 생선은 머리 쪽에서 꼬리 쪽으로 먹고, 뒤집지 않는다. 자왕무시(달걀찜)는 젓가락으로 젓지 않고 앞에서부터 떼어먹는다.

• 차: 찻잔을 두 손으로 들어 왼손은 찻잔 밑에 받치고 오른손으로 찻잔을 쥐고 마신 다음 뚜껑을 도로 덮는다.

• 식사 후 그릇에 뚜껑이 있는 경우 덮어두고, 젓가락은 상 위에 가지런히 놓는다.

식사 시 유의할 점

- 상 위에 있는 음식은 밀지 말고 손으로 들어 이동할 것
- 도자기는 높이 치켜들지 말고 두 손으로 조심스레 다룰 것
- 국물은 밥그릇에 부어 먹지 말 것
- 젓가락으로 음식을 집어 건네지 말 것
- 건네주는 요리는 손으로 받아 그대로 먹지 말고 상에 놓았다가 들고 먹을 것
- 상에 나온 음식은 새로 간을 맞추지 말 것
- 아무리 작은 잔이라 해도 두 손을 사용하여 공손히 전해 줄 것

일식 테이블 매너

- **맨손가능:** 초밥은 대개 젓가락으로 먹지만 덴시보리(물수건)로 손을 닦고 손으로 집어 먹어도 예의에 어긋나지 않는다.
- **꼬치젓갈:** 꼬치는 손에 들고 입으로 바로 먹는 것이 아니라 한 손으로 꼬치를 눌러 젓가락으로 하나씩 빼내어 먹는 게 예의이다.
- **후룩면발:** 면은 후루룩 소리를 내며 들이마시듯 먹는 게 성의의 표시다. 일식은 한식처럼 먹을 때 나는 소리에 크게 신경을 쓰지 않아도 된다.
- **우측중심:** 대개 오른쪽으로 중심을 잡는다. 젓가락은 오른손으로 위에서 집어 왼손에 받친 다음 다시 오른손에 쓰기 좋게 쥔다. 식사 중에는 접시의 우측에 걸쳐놓는다. 뚜껑을 열 때는 오른손으로 밥그릇-국그릇-보시기 순으로 연 뒤 우측에 포개둔다. 차를 마실 때는 두 손으로 찻잔을 든 뒤 왼손바닥에 받치고 오른손으로 찻잔을 감싸쥔다. 밥을 먹을 때도 밥그릇을 왼손에 받쳐 들고 오른손으로 든 젓가락으로 먹는다.
- **젓갈세척:** 식사가 끝나면 젓가락 끝을 차에 씻어 깨끗이 한 후 뒤 제자리에 놓는다.

2) 중국

중국은 수천 년의 역사와 넓은 국토를 지녔으며 기후도 지역차가 커서 지방마다 독특한 식문화가 발달하였다. 중국요리는 맛있고 영양이 풍부하며 한의사를 중심으로 그 기초가 다져진 음식으로서 오늘날 세계적인 요리로 인정받고 있다.

- 재료의 선택이 자유롭고 광범위하다(제비집, 상어 지느러미 등도 재료로 이용).
- 색과 향, 미를 중시한 요리이다. 외향이 풍요롭고 화려하며 독특한 향이 나는 향차이를 많이 사용한다.
- 조리기구가 간단하고 사용이 용이하다.
- 조리법이 다양하여 어떤 재료를 쓰든 원하는 요리로 조리해 낼 수 있다.
- 음식의 수분과 기름기가 분리되는 것을 방지하기 위해 녹말을 사용하는 요리가 많다.
- 중국요리는 양자강을 기준으로 하여 북방요리와 남방요리로 나누기도 하고 지역을 구분하여 북경요리, 사천요리, 광동요리, 상해요리 등으로 구분한다.

(1) 상석

주빈(손님)이 앉는 자리가 그 방의 제일 상석이다. 상석은 출입구에서 제일 먼 곳이라고 알면 된다. 그런데 식당에 가면 서비스맨이 상석의 위치를 가리켜 주는 것이 보통이다. 주빈을 상석에 안내하는 일은 서비스맨에게 매우 중요한 일이다. 요리를 서브하거나 음료를 따를 때 항상 주빈부터 대접하는 것이 바른 매너이기 때문이다. 만일 자리 순서를 잘 모르면 서비스맨에게 물어보고 정확히 앉는 것이 좋다.

(2) 중국 요리 주문 요령

- 보통 중화요리를 주문할 때는 인원수에 맞는 요리수에 수프 일품을 첨가하는 것이 기본이므로 기본 인원수가 4인이라면 이때 4채 1탕(요리 4품과 수프 1품)이 된다. 요리 한 접시가 양이 많으므로 대중소를 고려해서 주문한다.
- 술과 차의 종류를 확실히 알고 주문하면 좋다.

- 4명 이상인 경우에는 요리 중에 수프류를 넣는다.
- 세트메뉴가 있는 경우에는 요리를 일일이 주문하는 것보다 세트메뉴를 주문하면 훨씬 경제적이다.
- 재료와 조리법, 소스 등이 중복되지 않도록 주문한다.
- 해물, 상어 지느러미, 제비집 등은 가격이 비싸다는 것을 알아둔다.
- 처음 이용 시에는 서비스맨에게 자신의 취향을 알려주고, 도움을 받는 것이 좋다.
- 북경오리 요리인 페킹 덕은 2인이 먹기에는 양이 너무 많은 요리이다. 이럴 때 반만 주문할 수 있는가를 물어 보는데 대부분의 식당에서는 반쪽씩 팔고 있다. 중국에서는 먹는 것을 중요하게 여기므로 남는 음식은 싸가지고 가는 것이 보통이다.

(3) 코스 요리 주문할 때 주의점

조리법에 신경을 써서 주문해야 한다. 중국 요리는 조리법에 따라 새로운 맛을 즐길 수 있는 특징이 있으므로 재료를 중복되지 않게 주문하는 것도 중요하지만 조리법이 같은 요리를 중복하여 주문하지 않도록 하는 것이 좋다.

예를 들어, 3품 요리를 주문할 때 전채요리에서 차가운 해피리 냉채를 주문하였다면 다른 2가지는 뜨거운 고기 요리-탕수육 그 다음에 생선 요리 또는 닭고기 요리를 주문하는 것이 적당하다. 양념장도 간장, 고추 기름, 소금 등이 나오므로 조리의 성격에 따라 알맞게 선택해서 찍어 먹는다.

(4) 해서는 안 될 테이블 매너

중국 요리를 먹는 데 특별한 규칙은 없으나 특히 해서는 안 될 매너는 접시에 손을 대는 것, 면류를 먹을 때 소리를 내는 것, 식기를 입에 대고 먹는 것이다.

중국인들은 오른손은 젓가락을, 왼손은 작은 국자를 쥐고 음식을 먹기 때문에 식기를 입에 대고 먹는 것은 예의가 없는 것으로 여긴다. 다만, 밥은 공깃밥으로 손으로 들어 입에 가까이 대고 젓가락으로 먹는다.

(5) 해도 되는 테이블 매너

해도 되는 매너로는 밥을 젓가락으로 긁듯이 넣어 먹는 것, 먹다 남은 뼈·가시 등은 테이블에 그대로 올려 놓는 것, 본인의 젓가락을 사용하여 요리를 나누어 먹는 것, 같은 요리에 서로 동시에 젓가락을 대서 집어 먹는 것(보통 남이 젓가락을 대려고 할 때는 다른 한 사람은 기다리는 것이나 중국인은 그렇지 않다는 의미) 등은 중국인들이 대중식당에서 스스럼없이 하는 매너이다.

(6) 턴테이블에서 매너

- 턴테이블의 회전방향은 시계방향이 원칙이다.
- 자기가 좋아하는 요리가 나왔다고 하여 본인 앞으로 먼저 돌려놓는 것은 결례가 된다. 우선 주빈에게 요리가 먼저 가도록 돌려놓고 주빈이 요리를 뜨면 동석한 사람들에게 돌리면서 요리를 뜨도록 한다. 주빈과 먼저 요리를 받은 사람은 먼저 먹어도 관계없지만 다른 사람에게 '실례합니다.'라는 한마디는 필요하다.
- 처음 나오는 전채요리는 자기의 접시에 나누었다 하여도 바로 먹지 말고 모든 사람이 다 접시에 담는 것을 기다려주는 것이 매너이다.
- 요리를 먼저 덜 때에는 '먼저 실례합니다.'하고 요리를 덜고 놓는다.
- 다음 사람이 요리를 덜고 있을 때에는 테이블을 돌리지 않는다.
- 턴테이블 위에 놓을 수 있는 것은 큰 접시에 담겨져 있는 요리, 조미료, 장식용 꽃 등이다.
  술, 개인접시, 글라스, 재떨이 등은 얹지 않는다.
- 한 번 돌아간 음식이 아직 남아 있으면 더 들어도 좋다.
- 자신의 앞에 요리가 돌아왔을 때, 옆 사람에게 '먼저 드십시오.'하고 양보하는 것은 바람직하지 않다.

(7) 요리는 먹을 수 있는 만큼만

좋아하는 요리가 자신의 앞에 왔다고 해서 너무 많이 덜어버리면 마지막 사람이 그 요리를 맛볼 수 없는 경우도 있기 때문에 다음 사람을 생각해 가면서 자신의 몫을 덜도록 한다.

(8) 개인접시는 요리마다 한 개씩

옛날에는 개인접시 하나로 모든 요리를 먹었다고 한다. 그러나 지금은 요리마다 새 접시로 바꾸어준다. 그것은 요리마다 맛이 다르고 다른 소스로 조리하기 때문이다. 새콤한 소스, 달콤한 소스, 간장 맛 소스 등 중국 요리는 흔히 걸쭉한 감칠맛 나는 소스를 쓴다.

이런 요리들을 하나의 접시에 계속 담아 먹는다면 맛의 개성이 없어진다. 따라서 개인접시는 요리마다 바꾸는 것이 바람직하다. 서비스맨이 잊고 있다면 '접시를 바꾸어주세요.'라고 말한다. 서비스가 순조로운 식당에서 새로운 요리마다 새 접시가 나오는 것은 당연한 일이다.

(9) 개인접시를 손으로 들고서 먹는 것은 금물

개인접시는 손에 들지 않고, 원탁에 놓은 상태로 먹는 것이 바람직하다. 요리를 덜 때도 개인접시를 요리접시에 가까이 두고 테이블 위에 놓은 상태로 요리접시에 있는 숟가락과 포크를 사용해서 요리를 덜도록 한다. 개인접시가 모자랄 경우에는 서비스맨에게 새로운 접시를 요구한다.

(10) 중국 주도

식사하기 전에 제일 먼저 건배를 한다. 한 번이 아니고 요리가 나올 때마다 건배를 한다. 이것은 입안에 남은 먼저 먹은 요리 맛을 없애고 새롭게 다음 요리를 먹어보자는 뜻이다. 따라서 요리와 요리 사이에 호스트(Host, 주최자, 진행자)가 '건배합시다.'하면 전원이 술잔을 들고 건배를 한다. 이것이 중국식 건배의 특징이다.

술을 마시고는 동석한 사람에게 술잔을 기울이면서 모두 마셨다고 술잔 속을 보여준다. 글라스를 거꾸로 엎어놓는다는 이야기가 있는데 오늘날에는 시행하지 않는 곳이 많다. 물론 만약 그와 같은 자리에 갔다면 당연히 함께 거꾸로 놓아야 한다.

그리고 서비스맨이 술을 따르러 왔을 때 더 마시지 않아야겠다고 생각되면 글라스 위에 손을 얹는 동작을 한다. 이것은 술을 붓는 것을 거절한다는 뜻이다.

(11) '간뻬이', '쓰으이'

중국의 주법으로는 간뻬이(干杯)와 쓰으이(隨意)가 있는데 전자는 우리나라 말의 건배에 해당하나, 후자는 우리나라에는 해당되는 말이 없는 중국만의 권주법(술 권하는 방법)이다.

중국의 주법에서는 우리나라와 같이 술잔을 돌리지 않고 상대를 향하여 술잔을 올리면서 '간뻬이!' 하는데, 이것은 술잔의 술을 남기지 말고 마시자는 권주의 말이다. 이때 술을 마시고 잔 밑바닥을 상대에게 보이는 제스처를 하여 다 마셨다는 것을 확인시킨다.

이에 대하여 단번에 술잔을 비울 자신이 없을 경우에는 '쓰으이!' 하며 술을 조금만 마시고 남겨 두어도 무방하다.

중식 테이블 매너

- **시계회전:** 회전식 테이블은 시계방향으로 돌린다.
- **주인먼저:** 식사를 시작할 때 주인이 주빈의 술잔에 먼저 술을 따라주고 다른 손님에게 차례로 따라준다. 주인이 일어나 감사 인사를 하고 술을 권할 경우, 술을 못 마셔도 답례 표시로 입가에 댔다 내려놓아야 한다. 술 거절은 한국보다 더 무례하게 간주된다. 축배는 단숨에 마시고 비운다. 첫 요리가 나오면 주인이 한 젓갈 집어 주빈의 접시에 올려준다. 음식을 덜 때는 먼저 주빈이 개인접시에 덜고 다른 손님에게 권한다.
- **수저구별:** 탕은 렝게(사기로 된 중국 숟가락)로, 요리와 쌀밥, 면류는 젓가락으로 먹는다. 탕을 다 먹으면 렝게를 뒤집어놓아야 한다. 식사 중 젓가락을 사용하지 않을 때는 개인접시 끝에 걸쳐놓고 식사가 끝나면 젓가락 받침에 놓는다.
- **밥먹고탕:** 쌀밥과 요리를 함께 먹은 뒤 탕류를 먹는다. 요리의 종류가 많을 때는 요리–주식–탕 순으로 먹는다.
- **빳빳고개:** 일식처럼 그릇을 받쳐 들고 먹는다. 고개를 숙이고 먹는 건 '돼지처럼 보인다'는 이유에서다.

3) 인도

- 식사 때 낮은 걸상을 사용하거나 바닥에 앉는다.
- 좌석 배치에 규칙이 있다. 오른쪽에 주인, 왼쪽으로 가면서 연령 순서로 앉는다. 노인과 소년, 소녀는 조금 떨어져 앉는다.
- 식사 전에 반드시 물로 양손을 씻는다. 보통 손가락으로 집어먹지만, 음식이 뜨거운 경우에는 나무 스푼을 사용하기도 한다.
- 반드시 오른손으로 식사를 한다.
- 물을 마실 때 컵을 입에 대지 않고 물을 입 안에 부어 넣는다.
- 식사 후 물로 양치한 후 물을 뱉어 버린다.

- 식사 중에 이야기하는 것을 무례하다고 여기므로 식사가 끝나면 손을 씻고 양치 한 후에 이야기를 시작한다.

4) 태국

- 초대를 받았을 경우 식탁에 앉을 때는 주인이 지정해 주는 자리에 앉는다.
- 태국인들은 원래 손으로 식사하였으나 요즘은 고급식당에서 대중음식에 이르기까지 모두 숟가락과 포크를 사용하여 먹는다. 국물이 있는 국수를 먹을 때에는 젓가락과 숟가락을 혼용하며 튀긴 국수류에는 포크와 스푼을 사용한다.
- 공동의 음식을 먹을 때에는 천글랑(서빙스푼)을 사용해서 각자의 식기에 덜어온 다음 개인 스푼으로 먹는다.
- 밥이 나오지 않았을 때 반찬을 먹거나 자기 접시에 떠다 놓는 것은 삼간다.
- 국은 작은 그릇에 떠서 숟가락으로 떠먹어야 하며 국그릇에 입을 대고 마시는 것은 삼간다.
- 손님은 음식을 남기는 것이 예의이다. 만약 음식을 다 먹으면 주인이 손님을 위해 충분하게 음식을 준비하지 않았다는 의미이기 때문이다.

5) 베트남

- 밥통에서 각자 자신의 밥그릇에 밥을 담은 후 밥그릇을 들고 입가에 갖다대고 젓가락으로 밥을 먹는다.
- 숟가락은 국을 먹는데만 사용하며 식탁 위에 숟가락을 놓을 때는 반드시 엎어 놓는다. 젓가락은 육류, 생선 또는 야채를 집어서 밥 위에 올려놓는 데도 쓰인다. 밥을 다 먹으면 젓가락을 밥그릇 위에 가지런히 얹어 놓는다. 밥그릇에 아직 밥이 있을 때 젓가락을 밥에 꽂아 두는 것은 매우 불쾌하게 여기므로 주의한다. 이것은 전통적으로 불교신도들이 죽은 사람에게 바치는 공물을 상징하기 때문이다.
- 자신이 먹던 젓가락으로 음식을 집어서 상대방 밥그릇에 얹어 주는 것은 상대방

에 대한 친절의 표시이다.

- 베트남인들은 전통적으로 뜨거운 차를 마시는 것이 일상생활이기에 특별한 다도는 없다. 찻잔이 비게 되면 상대방의 찻잔에 차를 채워준다.
- 술을 마실 때는 커다란 항아리에 담긴 것을 각자의 그릇에 나누어 마신다. 독하지 않은 술을 즐기며 상대방에게 술잔을 돌리지는 않지만 상대방의 잔이 비지 않게 채워 주는 것이 예의이다.

7장
패션 코디네이션

1. 컬러 스타일링

1 색의 세 가지 차원

모든 색들은 세 가지 차원을 지니며 이는 심리적인 면과 구별되는 물리적인 속성이라고 한다. 일반적으로 색의 3속성은 색상, 명도, 채도이다.

1) 색상

색 자체가 갖는 고유한 특성으로 색깔의 질이다. 감각에 따라 식별되는 색의 종류로 물체의 표면에서 색 파장의 종류에 의해 결정된다. 빛의 스펙트럼에서 확연하게 구분되는 색상은 빨간색, 노란색, 초록색, 파란색, 보라색이며, 이 색상들 사이에는 점차적으로 변화하는 무수한 색상들이 존재한다. 주황색, 빨간색을 중심으로 한 따뜻한 느낌을 주는 난색계, 파란색을 중심으로 찬 느낌을 주는 한색계, 녹색이나 보라색처럼 따뜻하거나 찬 느낌을 주지 않는 중성계로 구분된다.

2) 명도

밝음에서부터 어둠에 이르는 변화를 명도라 한다. 물체 표면이 빛을 반사하는 양에 따라 색의 밝고 어두움의 정도가 다르기 때문에 명도는 색의 밝기와 어두움이다. 가장 어두운 검은색을 0으로 시작해서 가장 밝은 흰색 10에 이르는 11단계로 표시한다. 어두운 명도를 저명도라 하고 밝은 명도를 고명도라 하며, 이 사이를 중명도라고 한다. 보통 색들은 중명도에 해당되는데 이는 어떤 색도 흰색보다 밝거나, 검은색보다 어둡지 못하기 때문이다.

3) 채도

색의 순수하고 선명한 정도이며 어떤 색도 섞이지 않은 순수한 색은 채도가 높은 것이다. 가장 선명한 색은 완전하고 표준적인 높은 채도의 색이다. 또한 탁한 컬러들은 부드럽고 회색빛이 도는 낮은 채도의 색이다. 즉, 채도는 색의 오염이나 순성의 정도를 나타낸다.

4) 색조

색의 밝고 탁한 것은 색상과 관계없이 그 개성을 나타낸다. 즉, 각 색은 어떠한 색상인 동시에 색조(Color-Tone)를 가지고 있다. 색상에는 각각 명암, 농담, 순수함, 탁함이라는 색상에서도 공통된 색의 상태가 있고, 이 색조를 톤(Tone)이라 지칭한다. 톤은 명암 차이를 언급하는 명도와 순수함, 탁함의 차이에 관계되는 채도와 상호 관련되어 이루어진다.

2 컬러에 따른 이미지

색을 선택하는 데 있어 3가지로 구분하면 환경과 상황에 따라 무의식적으로 잠재되어 좋아하는 색, 내 피부 톤에 잘 어울리는 색, 색과 색의 조화로움의 색이다. 색은 사람을 평온하게, 때로는 자극을 가하기도 한다. 또한 흥분을 일으킬 수도 있고 진정을 시킬 수도 있으며, 짜증을 더하거나 즐거움을 전달하기도 한다. 아이가 태어나면서 많이 접하게 되는 것이 양육자로부터 영향을 받은 색이기도 하고, 자라면서 심리적인 면과 환경적인 면에 따라 좋아하는 색의 선택이 좌우되기도 한다. 색은 우리 환경, 생산성, 사교활동, 건강의 상태까지도 개선시킬 수 있다. 저마다 가지고 있는 색의 특성과 연상되는 이미지를 가질 수 있다.

1) 컬러의 분류

(1) 빨간색(Red Color)

〈그림 7-1〉 빨간색

빨간색은 사랑, 활력, 정열, 불, 태양, 식욕, 남성적, 기쁨, 자신감, 성적 자극, 추진력을 연상시키는 에너지가 넘치는 색이다. 이 색을 좋아하는 사람은 적극적, 능동적, 성장, 번영, 외향적인 성향이 많다. 빨간색은 따뜻하고 진취적인 색이어서 기분을 상승시키고, 식욕을 증진시키는 효과가 있다. 분위기를 낼 때 빨간 장미를 사용하기도 하고, 크리스마스카드와 연인들이 고백을 하기 위해 사용하기도 한다. 부정적인 이미지로는 분노, 공격성, 위험, 금지, 흥분 등을 가지고 있다.

(2) 주황색(Orange Color)

주황색은 빨간색과 노란색의 혼합색으로 경쾌함, 친근함, 따스함, 낙천적, 기쁨과 행복, 자유로움, 젊음, 명랑함, 사교적인 즐거움을 주는 색이다.

〈그림 7-2〉 주황색

주황은 오렌지, 당근, 노을, 신선한 채소, 주방이나 레스토랑 같은 친목을 위한 장소의 공간에서 활용하게 되면 효과적이다. 주황색을 좋아하는 사람은 사교적이며 밝고, 낭만적인 성격을 지니고 있으며 이론보다는 사고를 좋아한다. 부정적인 이미지로는 가벼움, 경박함, 자유분방함, 비현실적, 산만함, 천박, 충동 등을 가지고 있다.

(3) 노란색(Yellow Color)

노란색은 밝고 명랑함과 생기가 넘치는 색으로 행복, 순수, 호기심, 영원한 빛, 화사함, 지식과 지혜, 희망 등을 갖게 하는 긍정의 에너지 색이다.

〈그림 7-3〉 노란색

노란색은 명시성이 높아 도로의 선, 교통 표지판, 유치원 버스, 아동복에 많이 사용되고 있다. 노란색은 종교적으로는 불교에서의 깨달음의 색으로 부처의 귀의(歸依)의 상징이며, 이슬람에서는 지혜의 상징으로 뜻한다. 이 밖에도 정신적인 활동에도 도움이 되어 창의적인 사고, 아이디어 발상에 도움을 주는 색이다. 노란색을 좋아하는 사람은 개성이 있어 자기표현이 강하고, 자유로운 성향을 가지고 있으며 사회에서 관심을 받고 싶어 하는 성향을 가진다. 부정적인 이미지로는 유아적, 속임수, 기만, 경멸, 거짓과 배신, 정신분열, 불안, 초조, 질투, 인색함 등을 가지고 있다.

(4) 초록색(Green Color)

초록색은 중용과 조화, 균형을 상징하며 가장 편안하고 자극이 없는 중성색이다. 초록은 울창한 숲의 편안함과 성실함, 정화작용, 건강, 결실의 색, 성장, 건강을 상징하는 휴식 같은 색이다.

〈그림 7-4〉 초록색

최근에는 웰빙의 트렌드로 인해 '건강'과 관련된 분야에서 주로 사용하고 있는 색이기도 하다. 초록을 좋아하는 사람은 성실하고 보수적인 성향을 가지며 부정적인 이미지로는 침체와 퇴보, 지루함, 짜증, 엄격함, 보수적인, 평범한 이미지 등을 가지고 있다.

(5) 파란색(Blue Color)

파란색은 신뢰와 냉정을 상징하여 지적이고 이지적인 색이다.

〈그림 7-5〉 파란색

파란색은 이성적인 색, 신뢰와 믿음, 조화, 성공과 비전, 차분, 진정, 평화와 희망, 내향적, 비즈니스, 전문성의 이미지가 있다. 파랑에는 하늘빛 같은 밝은 파랑계열과 조금 짙은 남색계열로 구분짓는데, 밝은 파랑은 낭만, 희망, 꿈, 이상향이라면 짙은 남색의 경우는 차분함과 신뢰감을 지니고 있어 비즈니스에 많이 쓰이는 컬러이면서도 엄격함의 성향을 가지고 있다. 부정적인 이미지로는 비현실성, 공상, 자기만족, 우울증, 무기력증, 침울, 공허함, 소극적, 내성적 이미지 등을 가지고 있다.

(6) 보라색(Purple Color)

보라색은 대중적이기보다는 귀족적이고 여성적이며 우아한 색이다.

〈그림 7-6〉 보라색

보라색은 숭고함, 자기 존중, 고위함, 우아함, 신비스러운 느낌, 명상, 직관력이 뛰어남, 상상력이 풍부함 등의 이미지가 있다. 보라는 빨강과 파랑의 혼합 색으로 빨강보다 더 화려하면서 파랑보다 더 깊은 우울함을 지닌 양면성이 짙은 두 얼굴을 가진 신비한 색이다. 과거에는 성직자나 귀족, 신분이 높은 특정계층의 사람들에게만 활용된 색이기도 하다. 부정적인 이미지로는 정서불안, 고독, 허세, 비현실적인, 이상주의, 도도함, 외로움과 슬픔 등의 이미지를 가지고 있다.

(7) 분홍색(Pink Color)

분홍색은 여성스러움과 부드러움으로 모성애에 가까운 색이다.

〈그림 7-7〉 분홍색

분홍색은 다정함과 달콤함, 사랑스러움, 온화함, 가련함, 낭만적, 사랑과 행복의 이미지가 있다. 약혼식, 결혼식 후 신부드레스와 여자아이의 의류에 많이 쓰이기도 한다. 또한 분홍색은 부드러운 사랑스러운 이미지로 인해 로맨틱한 분위기를 연출하는 상황에 많이 사용하기도 하며 달콤한 맛을 상징하는 데 있어 사용한다. 부정적인 이미지로는 가련한, 비현실적, 자기만족, 애정결핍, 의존적 등의 이미지를 가지고 있다.

(8) 갈색(Brown Color)

갈색은 클래식함과 보수적인 이미지를 주는 색이다.

성숙함과 풍요로움의 이미지를 전달해 주는 색으로 대중적인 색이기도 하다. 갈색은 차분함, 단순함, 소박함, 현실적인, 대지, 성실함 등의 이미지가 있다. 밝은 갈색은 부드러우며 내추럴하고 수수한 이미지가 있으며, 짙은 갈색은 고급스러운 중후함을 나타내기도 한다. 제품 이미지의 고급스러움과 깊은 맛을 더해 주고자 할 때 짙은 갈색의 패키지 컬러로 사용하기도 한다. 부정적인 이미지에는 고집, 집요, 개성이 없는, 눈에 안 띄는, 촌스러움 등의 이미지를 가지고 있다.

〈그림 7-8〉 갈색

(9) 흰색(White Color)

흰색은 그 어떠한 색도 가지고 있지 않은 순수하고 명백한 새로움의 시작의 색이다.

우리 민족은 '백의민족(白衣民族)'이라 불릴 만큼 순수함과 선함, 자유와 평화를 상징하는 의미로 흰색을 숭상하였다. 흰색의 새로운 시작과 순수함의 의미로는 결혼식에서의 웨딩드레스를 떠올린 것이다. 흰색은 새로움, 시작, 순수, 깨끗함, 완벽함, 평화로움, 순결, 숭고, 정화된 이미지 등이 있다. 부정적인 이미지에는 결백, 삭막함, 슬픔, 희생, 공허함 등의 이미지를 가지고 있다.

〈그림 7-9〉 흰색

(10) 검은색(Black Color)

검은색은 색중에서 가장 무난한 색으로 인식되어 가장 기본색으로 여기는 색 중 하나이다.

절제된 품위와 상대방을 제압하는 카리스마가 느껴지게 하는 색으로 견실, 금욕, 엄격, 권위와 규율, 신중, 절도, 고급스러움, 세련됨, 신앙 등의 이미지 등이 있다. 검정이 가지고 있는 모던하면서도 세련된 이미지로 흰색과 매치시키는 인테리어나 고가의 제품을 고급스럽게 대변하여 사용하는 컬러이기도 하다.

〈그림 7-10〉 검은색

패션에서는 검은색이 체형을 보완하여 축소시켜 보이게 하는 효과도 있지만, 몸집이 너무 큰 사람인 경우에는 중량감이 더해 보여 육중해 보일 수 있고, 마른 체형인 경우에는 더 왜소해 보이거나 예민해 보일 수 있기 때문에 적절한 코디네이션이 필요하다.

부정적인 이미지로는 죽음과 슬픔, 악의 상징, 폭력적인 성향, 보수적, 폐쇄적 등의 이미지를 가지고 있다.

2) 색조의 분류

색조(Tone)는 색의 명암, 강약, 농담을 나타내는 색의 속성을 말한다. 동일색상이라 하더라도 색조에 따라 이미지와 성격이 다르게 표현되기 때문에 색의 이미지를 표현하거나 이미지배색에서는 중요한 역할을 하게 된다. 색조의 분류는 일본의 PCCS(Practical Color Co-ordinate System) 컬러 시스템에서는 12가지 색조로 구성되어 있고, 미국의 ISCC-NBS시스템, 한국KS표준색 등에서도 각각의 구성으로 되어 있지만, 한국인의 감각을 수용하면서도 세계적 범용성을 고려하는 방향으로 개발된 IRI색채연구소의 Hue&Tone 120을 활용하여 11가지의 색조로 분류한다. 색조는 가로축이 채도, 세로축이 명도로 가로축과 세로축이 만나는 점의 명도와 채도값이 모여 색조가 된다.

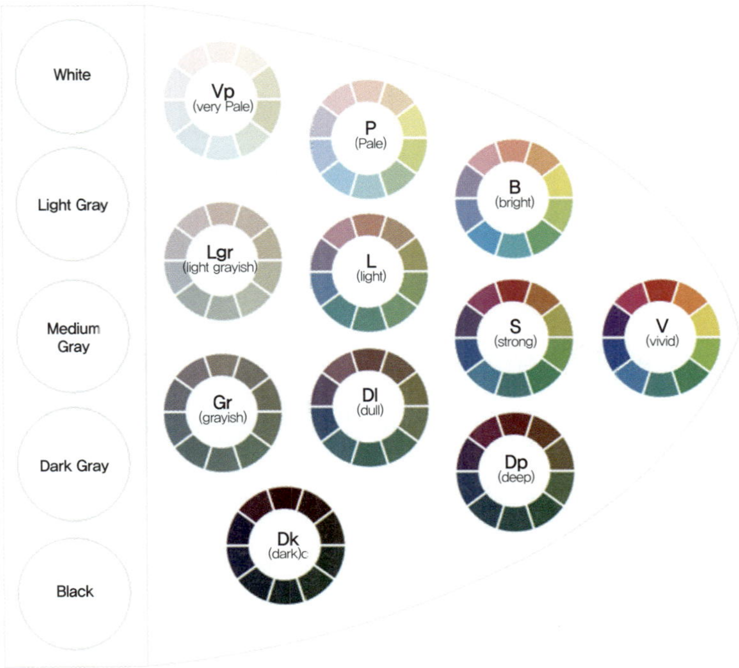

〈그림 7-11〉 색조의 분류

(1) 비비드 톤(Vivid Tone)

〈그림 7-12〉 Vivid Tone

비비드 톤은 중명도의 고채도 색조로 무채색이 섞이지 않은 '순색'의 색으로 선명하고 활동적인 것이 특징이다. 고채도의 색으로 선명함과 가독성이 높고 색상마다의 성격의 뚜렷함이 있어 색을 사용할 때는 색상의 수를 조절해서 사용해야 효과적이다. 액티브한 이미지를 주는 스포츠웨어, 자유분방한 이미지, 패스트푸드 매장 등에 적용할 수 있다.

(2) 스트롱 톤(Strong Tone)

〈그림 7-13〉 Strong Tone

스트롱 톤은 비비드 톤보다 채도가 조금 낮은 색조로 차분하면서도 강한 색조이다. 선명한 색조와 비교하여 명도값은 비슷한데, 채도가 한 단계 낮아 비비드 톤에 중간 회색을 혼합한 색조로 난색(따뜻한 색)의 경우는 명도 차이가 많이 난다. 색감이 살아 있으면서 차분함을 지니고 있어 화려함의 이미지 연출이나 민속풍의 에스닉한 이미지 또는 가을의 화려하고 깊은 이미지를 주고자 할 때 효과적이다.

(3) 브라이트 톤(Bright Tone)

〈그림 7-14〉 Bright Tone

브라이트 톤은 밝은 색조로 비비드 톤에 흰색을 조금 혼합한 명색조로 명도가 높고, 채도도 높아 밝고 맑은 생동감 있는 색조이다. 이 색조는 생동감과 귀여움을 지니고 있으며 가장 젊고 발랄한 이미지를 지니고 있어 아동 관련 제품의 디자인에 효과적이다. 특유의 밝은 이미지로 아기자기하고 사랑스러운 유희적인 이미지를 주고자 할 때 효과적이다.

(4) 페일 톤(Pale Tone)

〈그림 7-15〉 Pale Tone

페일 톤은 브라이트 톤보다 더 밝은 색조로 부드럽고 가벼운 파스텔 톤으로 흰색을 많이 혼합하여 여성스럽고 맑은 이미지를 가지고 있는 색조이다.

젊은 여성들이 선호하는 화장품 용기나 리빙 제품, 부드럽고 섬세한 소프트한 느낌을 준다. 페일 톤은 낭만적이고 온화한 분위기로 행복함을 더해 주는 로맨틱한 이미지도 주지만 반면 연약한 이미지를 주기도 한다.

(5) 베리 페일 톤(Very Pale Tone)

〈그림 7-16〉 Very Pale Tone

베리 페일 톤은 색조 중에서 가장 밝은 고명도의 저채도 색조이며, 흰색이 주를 이루고 있어 깨끗하고 맑은 이미지를 지니고 있다. 상쾌하고 어린 아이같이 맑고 순수하며 연약한 이미지가 있어 가벼운 이미지를 주고자 할 때 활용한다. 흰색을 주로 이루고 있는 저채도 색조로 색감이 느껴지지 않는 소극적인 이미지를 주기도 한다.

(6) 라이트 그레이시 톤(Light Grayish Tone)

〈그림 7-17〉 Light Grayish Tone

라이트 그레이시 톤은 밝은 회색이 혼합되어 명도는 밝지만 회색이 혼합되어 저채도의 흐린 이미지를 지니고 있다. 흐릿한 색조로 부드럽고 누구나 편안함을 느끼며 수수함과 은은하고 세련된 이미지를 동시에 표현하고 있다. 안정감과 동시에 편안함을 주는 인테리어나 패브릭의 소재에도 활용한다.

(7) 라이트 톤(Light Tone)

라이트 톤은 중명도에 중채도의 소프트한 톤으로 은은하고 내추럴한 이미지에 활용되는 색조이다. 라이트 그레이시 톤보다 채도가 높고 색감이 강해 더 풍성하고 자연적인 이미지를 지니고 있다. 라이트 톤은 배색으로는 다른 색조와 색상의 배색 변화보다는 유사색상과 유사색조의 배색을 통해 자연스러움과 차분한 이미지를 주는 것이 가장 효과적이다.

〈그림 7-18〉 Light Tone

(8) 그레이시 톤(Grayish Tone)

그레이시 톤은 덜 톤에서 회색을 섞어 만든 색조로 자칫 칙칙하고 차분하며 금욕주의적인 느낌이 강한 이미지를 지니고 있다. 저채도 저명도로 여성적인 이미지보다는 남성적인 이미지가 강하며 회색에 가까운 이미지로 도회적인 세련됨과 고급스러움의 이지적인 느낌을 주며 주변의 덜톤과 라이트 톤의 배색이 잘 되는 장점이 있다.

〈그림 7-19〉 Grayish Tone

(9) 덜 톤(Dull Tone)

덜 톤은 저명도 중채도로 어둡지만 색감이 있어 차분하고 고풍스러운 느낌이 있다. 무겁고 딱딱한 이미지보다 중후하고 고상한 이미지로 엔틱함과 클래식함을 지닌 고풍스러운

〈그림 7-20〉 Dull Tone

색조이다.

고급스러운 이미지로 고가구나 패브릭에서 활용되는 고품격의 이미지를 주는 색조이다.

(10) 딥 톤(Deep Tone)

딥 톤은 검정이 혼합된 색조로 고채도의 풍성함과 견고함을 지니고 있는 것이 특징이다.

〈그림 7-21〉 Deep Tone

저명도이지만 깊은 색감으로 화려하면서 강한 이미지를 지니고 있어 고급스러우면서 고가의 제품에서 볼 수 있는 색조이기도 하다. 검정이 가미되어 견고하고 단단한 이미지 전달에 적합하다. 배색으로는 저명도의 딥 톤을 중심으로 덜 톤과 다크 톤을 활용하면 중후하면서 깊이 있는 이미지를 줄 수 있다.

(11) 다크 톤(Dark Tone)

다크 톤은 검정에 가까운 저명도, 저채도의 색조이다.

〈그림 7-22〉 Dark Tone

색조 중에 가장 어둡고 무거운 색조이기도 한다. 무게감이 느껴지므로 남성적이고 댄디한 이미지로 신사용품의 주조색으로 사용되어 품위 있고 심플한 이미지에 효과적이다. 블랙이 가지고 있는 고급스러움보다 색감이 가미된 다크 네이비, 다크 브라운, 다크 와인 등이 고가의 제품디자인에 활용되고 있다.

3 컬러 코디네이션 연출

1) 컬러 이미지 배색

배색이란 두 가지 이상의 색을 상황과 목적, 기능에 맞게 배치하여 조화롭게 만드는 것이다. 단일색으로 사용될 때 느껴지는 이미지와 주위의 색을 배색하여 조화를 이룰 때 또 다른 이미지를 가지게 된다. 인테리어디자인, 패션디자인, 제품디자인, 푸드스타일링, 시각디자인 등의 다양한 분야에서 대상의 목적과 기능, 라이프스타일, 심리적 특성을 분석하여 알맞은 배색을 이용하기도 한다. 배색의 조화는 어떤 대상을 가지고 그 목적과 상황을 고려하여 색의 배치나 면적의 비례에 맞는 효과를 가지도록 한다. 색상환을 기준으로 어떤 관계에 배치를 할 색을 선택하느냐에 따라서 이미지와 분위기가 다르게 전달된다.

색의 3속성 중에서 색상을 중심으로 색상환을 기준으로 배색을 하게 되면 조화하기가 훨씬 쉬워진다. 색상의 배열에는 동일색상, 유사색상, 보색색상 등 여러 가지로 구분할 수 있다.

(1) 동일색상 배색

동일색상 배색은 색상환에서 한 가지 색으로 배색하는 방법으로 누구나 쉽게 할 수 있는 무난한 배색이다. 안정적이며 통일성을 가지고 있지만 지루하게 느껴질 수 있다. 이러한 배색에는 한 부분에 포인트를 주는 컬러를 찾아 배색하는 것도 방법이 될 수 있다.

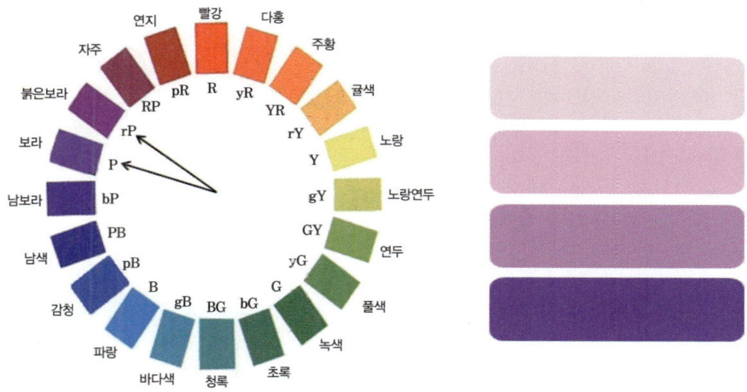

〈그림 7-23〉 동일색상 배색

(2) 유사색상 배색

유사색상 배색을 색상환에서 주조색(면적이 70% 정도 차지하는 색)과 인접한 색으로 통일된 느낌과 차분한 느낌을 가진다. 색조는 같거나 다를 수 있다.

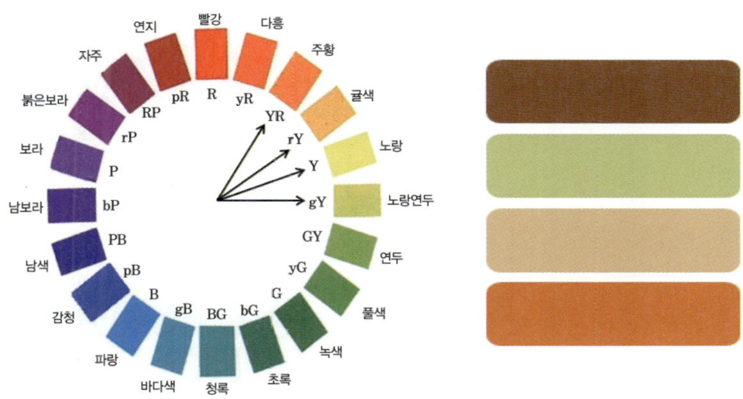

〈그림 7-24〉 유사색상 배색

(3) 보색색상 배색

보색색상 배색은 색상환에서 어느 한 색을 선택하고 서로 마주보고 있는 반대편에 위치한 색상을 배색하는 것이다. 색상의 차이가 크기 때문에 채도가 높으면 높을수록 화려함과 강렬함이 더욱 커지기 때문에 채도를 조절해서 배색을 하면 세련되면서 감각적인 느낌을 줄 수 있을 것이다.

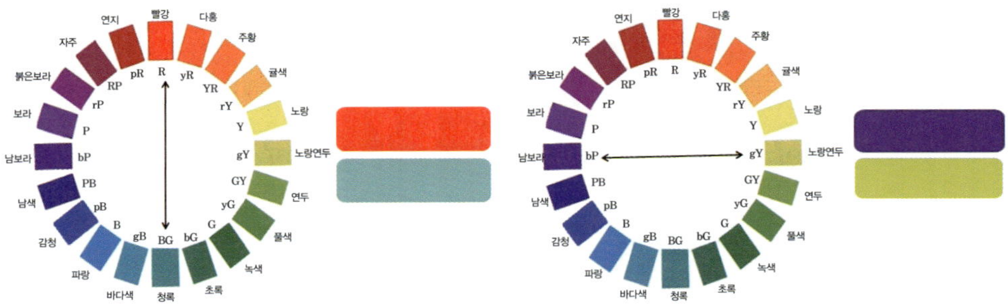

〈그림 7-25〉 보색색상 배색

(4) 톤 인 톤(Tone in Tone)

톤 인 톤 배색이란 비슷한 톤 내에서 톤의 변화가 거의 없이 색상을 조정해서 배색하는 것을 말한다. 톤의 명도가 일정하다보니 안정적이고 부드러우며 편안한 이미지를 전달할 수 있다. 유사색조, 동일색조이지만 배색을 할 때 색상만을 다르게 선택하는 것도 방법이다.

〈그림 7-26〉 톤 인 톤 배색

(5) 톤 온 톤 배색(Tone on Tone)

톤 온 톤 배색이란 '톤 위에 톤을 올리다 또는 겹치다'라는 뜻으로 톤의 차이가 크게 나는 것을 말한다. 동일색상이나 유사색상에서 채도 차이보다는 명도 차이를 크게 두는 배색 방법이다. 색상의 통일감을 주면서 명도 차이가 크기 때문에 분명하고 명쾌한 느낌의 배색을 할 수 있다.

〈그림 7-27〉 톤 온 톤 배색

2) 형용사 이미지에 따른 배색

(1) 귀여운

귀여운 이미지는 따스한 봄을 생각하게 된다. 여리고 젊고 발랄한 이미지를 지녀 채도감이 있으며 고명도로 밝고 선명한 색조의 브라이트 톤이 주를 이룬다. 노랑, 빨강, 연두색 계열 같은 난색계 위주의 색상으로 귀엽고 사랑스러운 이미지를 준다.

〈그림 7-28〉 귀여운 이미지 배색

(2) 깨끗한

투명함을 지닌 깨끗한 이미지로 명도가 높은 맑은 이미지를 말한다. 얼음같이 투명하고 맑은 공기가 연상되어 화이트와 화이트에 가까운 베리 페일 톤이 주를 이루는 배색을 한다.

〈그림 7-29〉 깨끗한 이미지 배색

(3) 온화한

편안하고 부드럽고 포근한 느낌을 주는 이미지이다. 차분하면서도 편안한 크림베이지와 아이보리, 스킨 같은 자연스러운 배색을 한다. 밝은 회색조인 라이트 그레이시 톤과 베리 페일 톤과 함께 조합하여 사용하면 온화한 이미지를 만들 수 있다.

〈그림 7-30〉 온화한 이미지 배색

(4) 경쾌한

동적인 느낌으로 활동적이고 생동감이 있는 이미지로서 시인성이 높은 원색이 주를 이루고 있으며, 선명한 비비드 톤과 베리 페일 톤으로 톤 온 톤의 배색을 활용하면 선명함과 생동감을 더욱 부각시킬 수 있다.

〈그림 7-31〉 경쾌한 이미지 배색

(5) 내추럴한

소박하면서도 토속적이고 전원적인 이미지가 대표적이다. 자연주의, 친환경적인 느낌으로 중채도, 중명도에 라이트 톤이 주를 이루며, 브라운 계열이나, 그린 계열만으로 배색하면 지루하고 퇴색된 느낌이 있어 색상의 변화를 주는 것이 효과적이다.

〈그림 7-32〉 내추럴한 이미지 배색

(6) 우아한

가장 여성스러움을 대변하는 것으로 아름다움을 절제하면서 과하지 않고 품위 있는 이미지이다.

성숙한 여성의 아름다움을 고급스럽게 담기 위해서는 중명도, 중채도의 라이트 톤을 중심으로 페일 톤과 덜 톤으로 보라색 계열을 중심으로 부드럽고 차분한 이미지로 배색하는 것이 특징이다.

〈그림 7-33〉 우아한 이미지 배색

(7) 은은한

은은한 이미지는 연약하지 않으면서 잔잔하게 다가오는 느낌으로 조용하지만 크기가 과하거나 약하지 않은 이미지를 표현하기 위해 중명도, 중채도의 라이트 그레이시 톤을 중심으로 라이트 톤을 포인트로 활용하고 톤 인 톤 배색으로 은은한 이미지를 더해 준다.

〈그림 7-34〉 은은한 이미지 배색

(8) 화려한

화려한 이미지는 채도가 높고 보색 대비로 화려함과 아름다움을 준다. 성숙한 아름다움의 화려함으로는 스트롱 톤, 딥 톤으로 채도가 높은 배색과 레드 계열과 초록 계열을 또는 보라 계열과 노랑 계열의 보색 대비로 화려한 배색을 더해 준다.

〈그림 7-35〉 화려한 이미지 배색

(9) 다이내믹

파워풀하고 강렬한 이미지로 행동이 크고 에너지가 넘치는 느낌으로 고채도의 강한 색과 검정의 톤 온 톤 배색으로 비비드 톤과 스트롱 톤의 원색과 무채색 검정을 활용한다.

〈그림 7-36〉 다이내믹 이미지 배색

(10) 모던한

현대적이고 기능적이며 세련됨을 동시에 가지고 있다. 도회적인 감성과 시크한 이미지로 블랙 & 화이트의 톤 온 톤처럼 딱딱한 배색이다. 다크 톤, 베리 페일 톤으로 톤 차이를 주거나 무채색을 활용하여 배색한다.

〈그림 7-37〉 모던한 이미지 배색

(11) 고상한

여성적인 차분함, 중년의 클래식함과 점잖은 이미지이다. 저명도 고채도 위주의 색조와 딥 톤을 중심으로 덜 톤과 다크 톤을 색조로 활용하며, 와인 계열과 브라운 계열을 배색하여 차분함과 중후한 이미지를 더한다.

〈그림 7-38〉 고상한 이미지 배색

(12) 점잖은

조용하고 신중하면서도 믿음직스러운 남성을 연상시키는 이미지를 가지고 있다. 저명도 저채도를 중심으로 다크 톤으로 블랙과 어두운 그레이를 배색하여 중후하고 댄디한 남성의 이미지를 더해 준다.

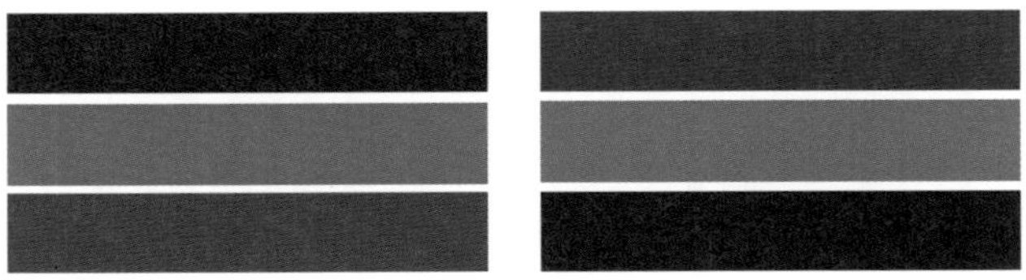

〈그림 7-39〉 점잖은 이미지 배색

〈실습〉

본인이 좋아하는 컬러로 코디하여 봅시다.

memo

④ 컬러별 코디네이션

BLACK

우리나라에서는 색의 일반적인 것을 색채라고도 하는데, '색'은 자극적 감정이 따라다니는 색입체에서 발단되었고 '채'는 채색하는 것을 의미한다. ① 빛깔 ② 사물(事物)의 표현(表現), 태도(態度) 등(等)에서 나타나는 일정(一定)한 성질(性質)이나 경향(傾向) 또는 맛을 뜻한다.

검은색

강한 유채색과의 조합에 따라 젊은색으로 느끼게 하고 신체의 볼륨을 살려주며 여성의 곡선미에 명암을 준다. 반면, 순례자의 의상이나 수녀복 등에서 볼 수 있는 것처럼 극도로 점잖은 분위기를 자아낼 수 있다. 검정은 절망의 색인 동시에 영원과 신비의 색이다.

이미지

- 긍적적 이미지: 절대적, 도회적, 세련, 격조 높은, 고급상품, 현대적
- 부정적 이미지: 어두움, 불길, 음기, 적막함

연상

밤, 어두움, 아스팔트, 악마, 머리카락, 공포

심리작용

- 검정을 좋아하는 사람은 자신의 개성을 검정으로 가리려고 함
- 감정의 표출을 억압하고 자신을 소중히 하고 싶거나 지키고 싶어 함
- 간섭받으려 하지 않고, 남을 다룰 줄 아는 재능이 있으나 명랑하고 솔직한 면이 결여되어 있음
- 심리적으로 위압감을 주며 고급감을 줌
- 흰색과 검은색의 결합은 특히 좋은데, 이는 균형을 유지하기에 좋음

TYPE 1 블랙 + 화이트 + 블루

블랙과 화이트의 매치는 무난하고 심플하며 모던한 이미지를 주기에 적합하다. 블루와의 매치 또한 자연스러우며 블루의 채도가 높아질수록 또렷한 이미지를 주어 스포티한 느낌을 줄 수 있다.

TYPE 2 블랙 + 와인 + 베이지

블랙과 와인색의 코디는 도발적이고 섹시한 이미지를 줄 수 있다. 베이지와의 코디는 깔끔하고 단아한 느낌을 주지만 색의 매치가 심플하여 와인이나 레드로 포인트를 주어 모던한 느낌을 준다.

TYPE 3 블랙 + 소프트 블루 + 베이지

블랙과 채도 낮은 블루 계열을 코디하면 심플하고 부드러우며 약간 어두운 아이보리로 포인트를 주어 내추럴한 이미지를 준다.

TIP

블랙은 우아하고 지적인 이미지로 어떠한 색과 코디하는지에 따라 다양한 분위기가 연출된다.

YELLOW

행복한 힘의 발산 컬러(생명의 4원색 중 빛을 표현)

이 미 지

- 무한의 보호를 요구하는 의존성과 구애의 상징
- 즐거움과 동시에 유쾌함을 불러일으킴
- 일회용의 이미지가 있으므로 고급스러움을 나타내기 힘듦
- 명랑하고, 쾌활하며 전진적인 이미지, 가벼움, 호기심,밝음, 행복, 지혜의 이미지가 있음
- 반면, 주의, 경고, 경솔, 불안, 신경질, 불안증의 이미지를 가지고 있음

연 상

빛, 금, 레몬, 교통표지, 신호, 해바라기, 비겁한, 겁쟁이, 배반자

심리작용

- 심신을 모두 개방시켜주고 단시간에 정신집중을 재촉할 수 있음
- 원시적인 본능을 자극해 위험을 느끼게 하여 주위를 환기시키고 치료에 효과적. 노랑을 좋아하는 사람은 의사소통 능력이 뛰어나고, 정신적인 모험가로 늘 새로운 것을 찾아내어 자기실현을 꾀하고 싶어함

치료효과

변비, 간장병, 습진, 치질, 소화불량, 근육 마비증, 류마티즘, 우울증,
신체적·정신적 무기력증

TIP

옐로우는 밝은 색이므로 상큼하고 화사한 이미지를 주며 포인트 색으로 사용하는 것이 좋다.

TYPE 1 옐로우 + 그린 + 블루 바이올렛

채도가 높은 옐로우와 그린은 상큼하고 발랄한 이미지이며 블루 바이올렛으로 포인트를 줄 경우 더욱 화사해 보인다. 단, 옐로우와 퍼플을 코디할 경우에는 자칫 촌스러워질 수 있으므로 차가운 옐로우를 선택하는 것이 좋다.

TYPE 2 옐로우 + 핑크 + 오렌지

옐로우와 핑크는 달콤하고 산뜻한 이미지와 발랄하고 경쾌한 느낌을 주며 오렌지와의 코디는 상큼하고 스포티한 느낌을 준다.

TYPE 3 옐로우 + 골드 + 베이지

옐로우의 유사 색상인 골드와 베이지는 전체적으로 같은 색상이므로 자연스럽고 편안한 분위기를 보여 준다.

GREEN

생명과 휴식의 컬러(생명의 4원색 중 하나로 공기(산소)를 의미)

이 미 지

침착, 평온, 조화, 협조, 자연, 미숙, 미경험, 희망, 에너지

연 상

식물, 산, 풀, 산림, 채소, 잔디밭, 비상구

심리작용

- 동정, 이해, 수용, 배려, 협조 등의 심리상태와 깊은 관련
- 자연의 초록이나 공기의 시원함으로 청결, 청량감을 느낌
- 초록색을 좋아하는 사람은 일반적으로 솔직하고 사회의식이 있으며 도덕심이 풍부해 인간으로서의 예의를 벗어나지 않으며 매우 뛰어난 교육자가 많음

치료효과

- 눈의 피로를 풀어주고 심장병을 이겨내는 데 도움을 줌
- 종양으로 공통을 받고 있는 사람은 종양의 성장을 도와주기 때문에 초록색 옷은 금기사항으로 되어 있음
- 간장병, 심장혈액순환, 신경조직, 불면증, 흥분성(예임), 후두염, 배앓이에 효과가 있음

GREEN 그린과 어울리는 대표적인 컬러 코디

GREEN

TYPE 1 라이트 그린 + 옐로우 + 핑크

라이트 그린과 핑크와의 코디는 상큼하고 활발한 느낌을 준다. 그린이 많은 부분에서 보이는 것이 부담스러울 경우에는 화이트 또는 밝은 색과 함께 코디하여 경쾌하고 스포티한 느낌을 준다.

TYPE 2 딥그린 + 올리브 그린 + 베이지

채도가 낮은 그린 계열의 딥그린, 올리브 그린과의 코디는 편안하고 자연스러운 이미지를 주며, 베이지와의 코디는 무난하면서 도시적인 이미지를 준다.

TYPE 3 딥그린 + 레드 + 옐로우

딥그린, 레드, 옐로우는 화려하고 화사한 이미지를 주며 색상의 면적에 변화를 주면 에스닉한 이미지를 연출할 수 있다.

TIP

그린은 평화로운 이미지를, 라이트 그린은 상큼한 이미지를, 짙은 그린은 차분한 느낌을 준다.

BLUE

지혜와 스마트한 컬러(생명의 4원색 중의 하나로 물을 표현)

이 미 지

- 긍적적 이미지: 지성, 이성, 냉정, 평화, 자기반성, 청량감
- 부정적 이미지: 우울, 고독, 슬픔, 실망, 소극적, 내성적

연 상

푸른 바다, 비, 지구, 푸른 산, 신호, 유리, 시원한, 청결

심리작용

- 정신을 진정, 안정시키는 역할을 함
- 정신의 집중을 유도하고 내향적, 자기반성, 자기 구제의 색상으로 욕구, 욕망을 억제시킴
- 본능보다는 이성을 자극하여 셀프컨트롤을 유도
- 짙은 청색을 좋아하는 사람은 상당히 지능적이며 현명한 자의 색으로서 의사결정을 직업으로 삼는 재판관, 경영자, 여성의 경우는 건방져 보이지만 자립적인 경향이 있고, 남성의 경우는 자기관리가 뛰어나 다른 사람들의 충고를 전혀 수용하지 않음
- 지식과 권위를 좋아하며 사회 전반에 걸쳐 박식함

치료효과

- 혈압을 떨어뜨리고 목이나 호흡기 질환에 도움을 주는 색
- 극도의 흥분, 월경문제, 불면증, 위궤양, 십이지장궤양, 피부병에 효과적

BLUE

TIP

블루는 차분하며 지적인 이미지로 톤에 따라 스포티한 느낌을 줄 수도 있다.

TYPE 1 블루 + 라이트 블루 + 베이지

블루와 같은 계열의 라이트 블루는 심플하고 세련된 이미지를 주며 베이지와 함께하면 단아하면서도 산뜻해 보인다.

TYPE 2 블루 + 와인 + 라이트 블루

블루에 짙은 와인으로 포인트를 주면 경쾌한 느낌을 준다. 비슷한 면적으로 코디하면 화려하고 과감한 느낌을 주므로 면적의 비례를 잘 맞추도록 한다. 밝은 톤과 코디하면 블루가 강조되어 또렷한 이미지를 줄 수 있다.

TYPE 3 블루 + 화이트 + 라이트 블루

블루, 화이트, 라이트 블루와의 코디는 모두 차가운 색상 계열로 바다를 연상케 하는 시원한 느낌으로 마린룩이 대표적인다. 블루진과의 코디는 편안하고 캐주얼한 느낌을 준다.

PINK

긴장을 풀어주는 부드러운 여성의 컬러

이 미 지

무조건적인 사랑과 동정 그리고 타인에 대한 배려를 나타내는 색

연 상

여성스러움, 사랑, 장미, 복숭아, 소녀, 아기, 봄

심리작용

- 현재 연애하는 감정을 가지고 있을 때 핑크를 선호
- 민감한 성격을 가진 사람은 아주 연한 핑크와 불그스름한 빛깔의 광선에 가장 잘 반응하며, 가정을 사랑하는 사람들은 퓨어 로즈 색조에 반응하게 됨

치료효과

- 미국 교도소 벽을 핑크색으로 하여 흉악범을 순화
- 핑크는 침실에 사용하면 이상적인 컬러인데, 그것은 자기애를 드러나게 하는 데 도움을 주기 때문
- 불면증에 시달릴 때 핑크 머그컵에 우유를 마시면 치유

PINK

TYPE 1 핫핑크 + 블랙 + 퍼플

핫핑크와 블랙의 코디는 화려하고 세련된 이미지를 주며 핑크 톤을 조절하면 도시적인 느낌을 줄 수 있다. 포인트를 줄 경우에는 핑크나 블랙이 강하므로 퍼플 계열이나 화이트를 사용한다.

TYPE 2 라이트 핑크 + 블루 + 오렌지

라이트 핑크는 발랄하고 로맨틱한 느낌을 준다. 같은 톤의 블루와 코디하면 상큼하면서 캐주얼한 느낌을 주고 오렌지 또는 와인색으로 포인트를 주면 여성스럽고 우아한 느낌을 줄 수 있다.

TYPE 3 핑크 + 그레이 + 블루

핑크와 그레이의 코디는 세련되고 스포티한 이미지를 준다. 그레이 톤을 조절하면 가벼운 느낌이나 무거운 느낌을 줄 수 있다. 가벼운 느낌을 줄 때에는 시원한 블루를 같이 코디하고 무거운 느낌을 줄 때에는 블랙을 코디한다.

TIP
핑크는 로맨틱하고 달콤한 이미지로 대부분 여성스러운 느낌을 준다.

PURPLE

동력이 저하되었을 때 마음이 끌리기 쉬운 색(소생의 색)

이 미 지

- 긍정적 이미지: 신비, 의지력, 사고력, 고귀, 우아, 예술적, 상상력
- 부정적 이미지: 불안, 고독, 자만, 정서불안

연 상

라벤더, 포도, 승려

심리작용

- 자립심, 개성적, 창조력, 상상력을 유도함
- 고독감을 느끼게 하므로 정신적 밸런스를 잃게 하기 쉬움
- 보라를 좋아하는 사람은 문화 지향성이 있고, 예술가에 압도적으로 많음

치료효과

- 스트레스, 불안을 축적시켜 신경과민, 분열증을 유발함
- 종양의 성장을 억제하는 데 도움을 주고 관절염의 고통을 없애줌
- 이 색상을 잘못 사용하면 사람들은 너무 깊은 잠에 듦
- 정신적 흥분상태를 진정시켜 줌
- 중추신경과 말초신경의 질환, 정신병, 뼈 성장 발육문제를 도와줌

PURPLE

TYPE 1 퍼플 + 와인 + 라이트 퍼플

와인을 코디하면 화려하고 우아하며 고급스러운 이미지를 줄 수 있다. 퍼플과 와인색은 짙은 색이므로 채도가 낮은 색과 함께 코디하면 세련된 이미지가 연출된다. 같은 톤을 조절하여 코디할 때는 레드 또는 블루로 포인트를 준다.

TYPE 2 퍼플 + 그레이시 퍼플 + 소프트 핑크

퍼플과 채도가 낮은 색들의 코디는 세련되고 이지적인 느낌을 준다. 유사색들과의 코디는 여성스러우면서 우아한 느낌을 주지만 배색이 단조로울 수 있으므로 짙은 색조로 포인트를 준다.

TYPE 3 딥그린 + 레드 + 옐로우

푸른 빛이 도는 차가운 바이올렛을 블랙과 코디하면 모던하고 지적인 이미지가 연출된다.

TIP

퍼플은 우아하고 고상한 이미지로 채도가 높은 퍼플은 화려한 느낌을 주며 채도가 낮은 퍼플은 이지적인 느낌을 준다.

BROWN

마음을 차분하고 편안하게 해 주는 컬러

이 미 지

- 대지를 느끼게 하는 색
- 긍정적 이미지: 안정, 클래식, 소박, 보수적, 침착함
- 부정적 이미지: 촌스러움, 수수함, 늙음

연 상

나무, 대지, 가구, 땅(흙), 낙엽, 가을, 책상

심리작용

- 안정을 위한 욕구가 있고 욕심이 있음
- 감정에 치우치는 일이 없이 자기 자신을 제어할 수 있음
- 정신적인 강함이 있고 책임감이 강함
- 현실적으로 견실함
- 갈색을 좋아하는 사람은 외향적이며 사물을 직시하여 받아들임
- 솔직하긴 하지만 자신과 관련된 일에는 말로 표현할 줄 모르고 수줍음을 타는 사람이 많음
- 따뜻한 마음씨의 소유자로 늘 약한 자를 도와주려 함
- 자신의 재산관리에 신중하여 투기는 거의 하지 않음
- 브라운 계열의 베이지색을 즐겨 입는 학생들의 성적이 가장 우수함(펜실베이니아 대학 색채연구소팀 보고)

BROWN 브라운과 어울리는 대표적인 컬러 코디

TIP

브라운은 차분하고 수수한 이미지로 가벼운 색과 코디하면 내추럴한 느낌이고 무거운 색과 코디하면 클래식한 분위기가 연출된다.

TYPE 1 딥 브라운 + 옐로 베이지 + 골든 브라운

브라운 계열의 코디는 유사색상이어서 심플하지만 고상한 이미지를 준다. 딥 브라운으로 전체적인 코디를 할 경우에는 자칫 무거워 보일 수 있으므로 포인트를 주는 것이 좋다.

TYPE 2 브라운 + 피치 + 소프트 핑크

소프트 브라운은 자연스러우면서 부드러운 이미지를 준다. 여성스러운 이미지를 연출할 때에는 소프트 핑크와 코디한다.

TYPE 3 브라운 + 그린 + 바이올렛

브라운으로 캐주얼한 이미지를 연출할 때는 유사톤의 그린이나 블루로 코디하는 것이 좋다.

RED

에너지와 힘을 표현하는 컬러(생명의 4원소 에너지)

이 미 지

- 활동적이며 색정적이고 긴장, 환희, 흥분 등의 추상적인 이미지
- 반면 공격적이며 분노를 상징하고 미움, 현란함

연　상

태양, 불꽃, 피, 와인, 입술 색, 소방차, 장미, 네온, 고추, 우체통, 딸기, 흥분, 공포, 열정, 의지

심리작용

- 빨간색을 좋아하는 사람은 의욕적이며, 호기심이 강함
- 활동적이고 외향적, 적극적, 정력적, 충동적임
- 또한 불행한 일은 다른 사람 탓으로 돌리고 싶어하고, 사람들을 비난하며 어느 한쪽으로 치우치기를 잘함
- 여성의 경우 언제나 주역을 맡아야 하며 자존심이 강하고 감정적으로 대처함
- 남성인 경우 강렬한 캐릭터를 가지고 있고 지도자 역할을 하여 계몽적인 역할을 함

치료효과

- 혈액순환을 촉진
- 빈혈, 생리통, 저혈압, 관절통으로 고생하고 있는 사람에게 좋은 효과를 줌

RED 레드와 어울리는 대표적인 컬러 코디

RED

TIP

레드는 배색에 따라 건강하고 강하며 감성적인 느낌이 있어 화려한 이미지 연출이 가능하다.

TYPE 1 레드 + 블랙 + 베이지

레드는 블랙과 코디할 경우 선명하고 강한 이미지로 섹시하고 도발적인 느낌을 주며 베이지를 코디하면 도시적이고 세련된 느낌을 준다.

TYPE 2 레드 + 퍼플 + 옐로우

레드와 퍼플을 코디하면 화려하고 여성스러우며 옐로우와의 코디는 화려함을 부각시켜 과감한 이미지 연출이 가능하다.

TYPE 3 레드 + 블루 + 피치

채도가 높은 레드와 블루를 코디하면 심플하고 스포티하며 피치는 자연스럽고 귀여운 이미지를 준다.

5 배색별 코디네이션

1) 톤 온 톤 배색

동일한 컬러나 유사한 컬러에 톤의 변화를 주는 방법으로 부드럽고 안정적인 느낌이지만 다소 단조로운 경향이 있다.

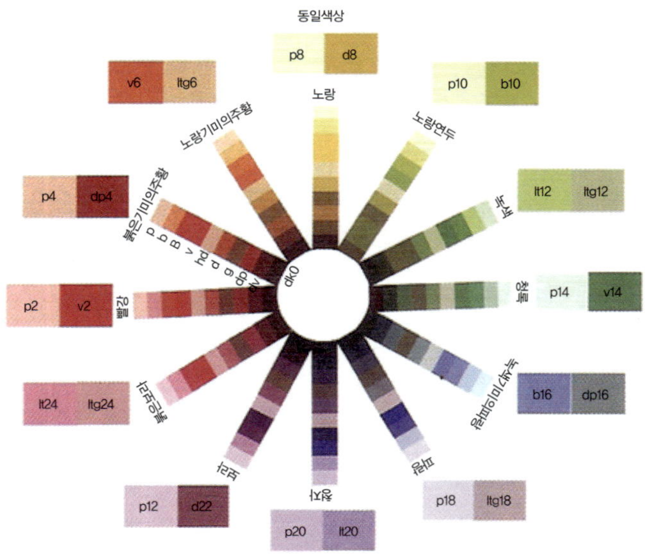

2) 톤 인 톤 배색

명도나 채도의 동일한 톤에 컬러를 변화시키는 배색법으로 톤의 변화에 따라 강하고 부드러운, 둔탁하고 가벼운, 어둡고 밝은 느낌 등 여러 분위기를 표현할 수 있다.

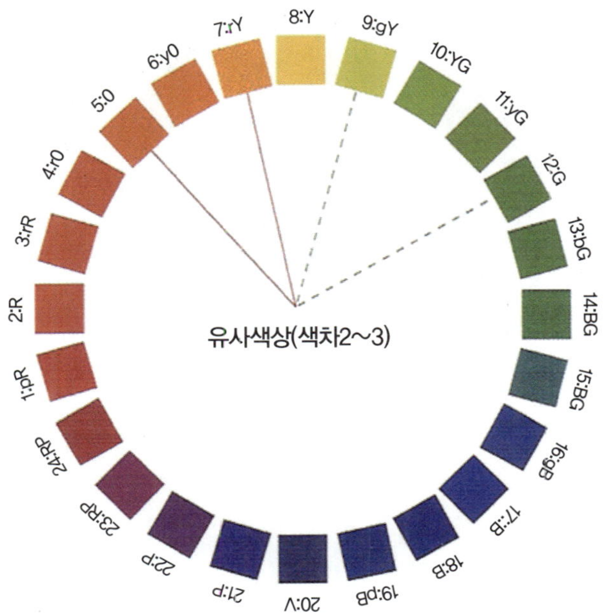

3) 그라데이션 배색

배색된 컬러를 단계적으로 변화시키는 방법의 배색법으로 색상은 화사한 느낌이다.

4) 세퍼레이션 배색

배색되는 컬러의 중간에 다른 컬러를 넣어 새로운 효과를 주는 배색방법이다.

5) 악센트 컬러

컬러 배색 일부에 강조가 되는 컬러를 조합하는 방법의 배색법이다.

6) 모노톤 배색

모노톤(흰색, 회색, 검은색의 한 가지 색조)으로 코디한 배색으로 심플하면서 모던하고 포멀한 배색법이다.

7) 콘트라스트 배색

보색 관계의 색들로 배색하는 기법으로 강하고 화려한 배색법이다.

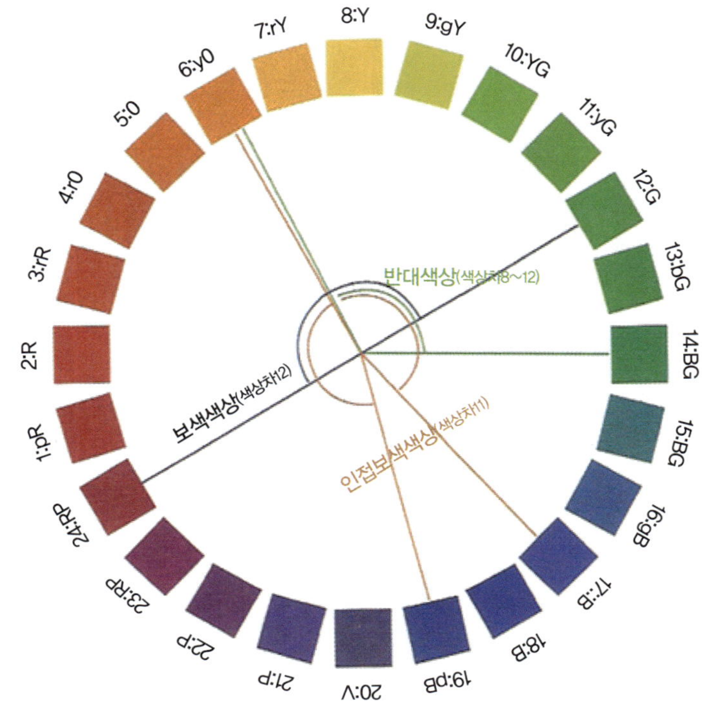

6 퍼스널 컬러 진단

퍼스널 컬러는 개인이 가지고 있는 고유의 색을 말한다. 피부색, 머리카락 색, 눈동자 색에 따라 잘 어울리는 베스트 컬러(Best Color)와 워스트 컬러(Worst Color)로 구분한다.

이러한 자신의 컬러는 사계절 유형에 맞게 분석되어 결정되며, 이를 통해 어울리는 사계절 컬러를 기준으로 코디네이션 연출을 하는 것이다. 이러한 퍼스널 컬러의 사계절이론은 바우하우스(Bauhause)의 교수였던 요하네스 이텐(Johannes Itten)에 의해 고안된 이론으로 4가지 타입으로 컬러 팔레트를 나누기 전에 색은 따뜻한 색과 차가운 색으로 나눌 수 있다는 로버트 도어의 이론을 바탕으로 한다. 컬러 이미지 연출이 본격적으로 활성화되기 시작한 것은 1980년대부터 캐롤 잿슨(Carole Jackson)의 《Color Me Beautiful》이라는 전문서적이 출간되면서 미국, 유럽, 일본 등에서 Color Me Beautiful(CMB) 이미지 컨설턴트가 활발하게 활동하게 되었다. 이 시스템은 뷰티, 패션, 이미지 메이킹 등의 분야에서 컬러 이미지 컨설턴트로 자리 잡게 되는 데 큰 역할을 하였다. 이후 Doris Pooser, Donna Fujii, Darene Mathis, Mary Spillane & Christine Sherlock, Renae Knapp 등 여러 이미지 컨설턴트에 의해 신체 색상을 세분화하여 다양한 유형으로 분류하는 이론이 성립되어 활용하게 된다.

또한 도리스 푸저(Doris Pooser)는 '패션에 있어서 색이란 타인 지각 시 심리에 미치는 영향력이 다른 요소에 비해 높기 때문에 얼굴과 복장색의 조화로운 배색은 착용자의 미적 표현을 돕는다는 점에서 필수적이다'라고 하였다. 이처럼 퍼스널 컬러는 현대사회에서 개인의 이미지를 높여 주는 커뮤니케이션 역할을 하게 된다.

1) 퍼스널 컬러의 장점

(1) 얼굴색을 보완한다

자신에게 어울리는 색과 어울리지 않는 색에 따라 피부색의 명암의 차이가 크게 나타난다.

피부색이 어둡고 탁해진다거나, 붉은 기가 있는 피부에는 더 붉은 기가 짙어진다든가, 피부의 잡티가 더 두드러지게 나타난다. 이렇듯 피부의 색소가 더하거나 감소하는 것은 색상 대비에 따른 변화이다. 어울리는 색을 입을 경우에는 밝고 화사하며 건강한 얼굴색으로 생기 있는 얼굴로 보이게 한다. 자신이 어울리는 퍼스널 컬러로 얼굴색을 보완하도록 한다.

(2) 얼굴형을 보완한다

누구나 작은 얼굴 부드러운 얼굴을 선호한다. 자신에게 어울리는 색의 경우 얼굴이 축소되어 보이고 이목구비가 뚜렷해 보이며 턱선 등이 두드러지지 않는 반면, 어울리지 않는 색의 경우 얼굴의 좌우대칭이 다르게 보이거나 평면으로 보이며 각이 두드러지면서 강한 인상을 주게 된다.

(3) 젊고 건강하게 보인다

얼굴이 젊고 건강하게 보이는 것은 칙칙하고 어두움이 감소하고 혈색 있고 투명함으로 인한 것이다. 예를 들어 얼굴의 주름이나 눈밑 다크서클, 눈밑 처짐, 여드름, 잡티, 기미 등이 두드러지지 않는 것이다. 어울리지 않는 색을 배색할 경우 나타나는 것인데, 반면 어울리는 색의 경우 단점을 감소시켜 피부가 투명하고 건강하게 느껴지므로 젊고 건강하게 보인다.

(4) 자신만의 이미지로 자신감을 높인다

자신이 어울리는 색을 통해 단점을 보완하여 상대방으로 하여금 매력적이고 호감을 주는 이미지로 긍정적인 평가를 받으면 자신감이 높아지게 된다. 이러한 자신감으로 인해 매사 긍정적이고 적극적인 태도로 임하여 자신의 능력을 발휘하여 좋은 결과까지 가져온다면 삶의 질도 높아질 것이다. 차별화되고 성공적인 이미지는 많은 기회를 가질 수 있는 확률도 높아진다.

(5) 경제적인 효율성이 있다

우리가 흔히 실수하는 것 중에 하나가 충동구매를 통해 자신이 어울리지 않는 색상의 옷을 사는 것이다. 자신의 이미지나 색상을 알고 있으면 충동구매의 자제력과 필요한 소비의 형태가 이루어져 경제적으로 효율적이게 된다. 또한 쇼핑의 불필요한 시간을 절약하고 기존의 의상과 코디가 쉬워 긴 시간 동안 활용할 수 있다.

2) 퍼스널 컬러의 진단

(1) 퍼스널 컬러의 진단 결정요인

① 피부색

사람의 피부는 인종, 지역, 연령, 성별, 자외선 노출빈도 등에 따라 각각 다르다. 현재의 건강상태나 스트레스 정도에 따라 변화하기도 한다. 그러나 기본적인 색상은 변하지 않는다.

태어날 때부터 가지고 있는 고유색으로 헤모글로빈에 의해 적색, 카로틴에 의해 황색, 멜라닌에 의한 갈색이라는 세 가지 색소로 나눈다.

② 머리카락 색

머리카락 색은 인종에 따라 여러 가지 색으로 구분되지만 멜라닌 색소의 합성의 양에 따라 검은색, 갈색, 금발 등으로 결정된다. 황색이나 붉은 적갈색이 가미된 색은 따뜻한 계열이며, 푸른빛의 검정이나 회색빛을 지닌 색은 차가운 계열로 구분한다.

③ 눈동자 색

눈동자인 홍채에도 멜라닌 색소가 있다. 동양인은 갈색과 검은색 계열이 많고 서양인은 청색이나 회색 계열이 많아 한국인의 눈동자 색은 대부분 흑갈색으로 보인다.

④ 손바닥 색

손바닥의 색은 자외선을 덜 받는 부위로 주변의 다른 사람과 비교를 하면 색소의 차이를 느낀다.

차가운 피부는 핑크빛의 붉은색으로 보이고, 따뜻한 피부는 노르스름한 빛으로 구분한다.

⑤ 뒷머리 두피 / 손목 안쪽 색

뒷머리 밑의 피부는 자외선에 거의 노출이 되지 않아 두피 색을 보는 것도 한 방법이다. 두피 색이나 손목 안쪽을 보면 희거나 푸르스름한 빛이 감돌면 차가운 톤, 노르스름하거나 아이보리가 감돌면 따뜻한 톤으로 구분한다.

(2) 퍼스널 컬러의 신체 색상의 특징

퍼스널 컬러의 신체 색상의 특징은 〈표 7-1〉과 같다.

〈표 7-1〉 신체 색상의 특징

구분	봄	여름	가을	겨울
명암	Bright Tone	Bright Tone	Dark Tone	Dark Tone
베이스 컬러	Yellow Base	White, Blue Base	Brown Base	Black, Blue Base
피부색	연한 노르스름한 피부(복숭아빛 혈색, 베이지)	연한 핑크 톤을 지닌 약간 붉은 톤의 피부 (로즈 베이지, 핑크 베이지)	짙은 골든 베이지 계열의 피부, 혈색이 없어 보임 (내추럴베이지, 골든 브라운 계열)	푸르스름한 톤, 창백해 보임, 얇고 투명한 피부, 짙은 올리브계열의 회색, 흑색이 가미된 짙은 피부
머리카락 색	밝고 따뜻한 황색이 가미된 톤	밝은 회갈색, 갈색, 검정 (검정은 드물다)	어두운 적갈색, 검정(윤기가 없는)	푸른빛의 짙은 어두운 색, 어두운 검정, 회갈색
눈동자 색	라이트 골드 브라운	흐린 회색빛, 로즈 브라운	다크 브라운, 브라운 골드	블루 블랙, 다크 브라운

(3) 퍼스널 컬러의 진단

퍼스널 컬러의 진단은 남·여 모두 정확한 자신의 피부색을 측정하기 위해 메이크업을 하지 않은 상태에서 자연광(오전 11시에서 오후 3시경) 또는 자연광과 비슷한 조명 아래에서 한다. 진단 시 착용하고 있는 옷의 컬러의 영향을 받을 수 있으므로 흰색 가운을 두르거나, 모발을 짙게 염색한 경우 흰색으로 모발을 감춘다. 이렇게 진단할 준비가 끝나면 사계절 컬러의 진단 천을 얼굴에 가까이 대보면서 얼굴색의 변화를 자세히 살펴본다. 얼굴의 생김새를 또렷하게 살려주고 혈색이 좋아보이는 잘 어울리는 것으로 분석하며 결과에 따라 컬러 코디네이션을 제안한다. 또한 여름에는 휴가철로 인해 자연 선탠이 되는 경우가 있어 정확한 진단이 힘들기 때문에 시간이 지난 후에 진단을 받는 것이 좋다.

memo

① 개인이 선호하는 사계절 타입 진단

질문	A	B	C	D
1. 당신이 언제나 바르고 다니는 치크 색은?	파란색에 가까운 핑크	로즈 계열	노란색의 핑크	브라운 계통의 오렌지
2. 당신이 언제나 바르고 다니는 입술색은?	로즈 핑크	와인 레드	오렌지 계열 핑크	브라운 계열의 레드
3. 흰색을 선택한다면 어떤 색을?	부드러운 흰색	창백한 느낌의 흰색	노란빛이 나는 아이보리색	베이지의 흰색
4. 당신이 끌리는 여성의 타입은?	기품 있고 우아한 타입	개성이 있어 눈에 띄는 타입	아주 귀여워서 한 번쯤 동행하고 싶은 타입	지적이면서 우수에 찬 느낌의 타입
5. 당신의 인상은 어떻다고 생각하십니까?	소프트, 엘레강스	샤프, 모던	캐주얼, 로맨틱	스포티, 내추럴
6. 당신에게 어울린다고 생각되는 옷은?	부드러운 색상을 매치시킨 의상	색의 대비가 확실한 의상	고명도의 밝은 색 의상	고채도의 짙은 색 의상
7. 당신의 정장 색은 주로 어떤 색이 많은가?	그레이나 파스텔 컬러	비비드 컬러	밝은 파스텔 컬러	차분하면서 가라앉은 컬러
8. 당신이 좋아하는 소재는 어떤 것인가?	오간자	실크	조젯	레자, 코듀로이
9. 당신이 좋아하는 무늬는 어떤 무늬인가?	물방울무늬	사선 줄무늬	꽃무늬	페이즐리
10. 당신이 좋아하는 티셔츠의 색상은?	블루	핑크	옐로	커피 브라운
11. 당신이 드는 핸드백은 어떤 소재인가?	중형 사이즈의 부드러운 소재	독특한 디자인의 가방이나 핸드백	중형, 소형으로 둥글고 체인, 장식이 있는 것	천으로 만든 터틀넥
12. 당신이 좋아하는 액세서리는?	진짜 보석류	진주, 실버	컬러풀하면서 귀여운 이미테이션	골드, 구리, 목각 등 크고 독특한 형태
13. 당신이 동경하는 여성상의 이미지는?	노블하고 품위 있는 여성	다이내믹하고 도시적인 여성	사랑스럽고 발랄한 여성	고상하면서 분위기가 있는 여성
합계	_______개	_______개	_______개	_______개

출처: 김영란 외(2012), 프로패셔널 이미지메이킹, p. 200, 경춘사.

② 사계절 컬러 자가 진단

나는 어느 계절 사람인가?
사계절 컬러 자가 진단법(목이나 속살의 피부색을 기준으로 육안으로 판단)

1. 피부색

1) 밝은 노란빛이 돈다.
2) 희거나 붉은빛이 돈다.
3) 어두운 노란빛이 돈다.
4) 푸르거나 누런빛이 돈다.

2. 피부의 투명도

1) 맑고 윤기가 있다.
2) 뽀얗고 윤기가 없다.
3) 탁하고 윤기가 없다.
4) 맑지 않지만 윤기가 있다.

3. 얼굴형

1) 둥근형 2) 달걀형 3) 긴형 4) 각진형

4. 얼굴 생김새

1) 이목구비가 동글동글한 귀여운 얼굴
2) 눈매가 부드럽고 시원하거나 편안한 얼굴
3) 이목구비가 부드럽고 친근한 얼굴
4) 이목구비가 뚜렷하고 차가운 얼굴

5. 눈동자와 머리카락의 색

1) 갈색 눈동자와 갈색 머리카락에 윤기가 있다.
2) 갈색 눈동자와 갈색 머리카락에 윤기가 없다.
3) 진한 갈색 눈동자와 진한 갈색 머리카락에 윤기가 없다.
4) 검은 눈동자와 검은 머리카락에 윤기가 있다.

진단방법

1)번이 3개 이상이면 봄 사람
2)번이 3개 이상이면 여름 사람
3)번이 3개 이상이면 가을 사람
4)번이 3개 이상이면 겨울 사람

출처 : 김영란 외(2012), 프로패셔널 이미지메이킹, p. 201, 경춘사.

7 퍼스널 컬러 코디네이션 연출

1) 사계절별 유형에 따른 톤 분류

사계절 유형 분류로는 첫 번째 컬러에서 따뜻함(Warm)과 차가움(Cool)으로 구분한다. 여기서 따뜻함은 봄과 가을 유형으로, 차가움은 여름과 겨울 유형으로 나눈다.

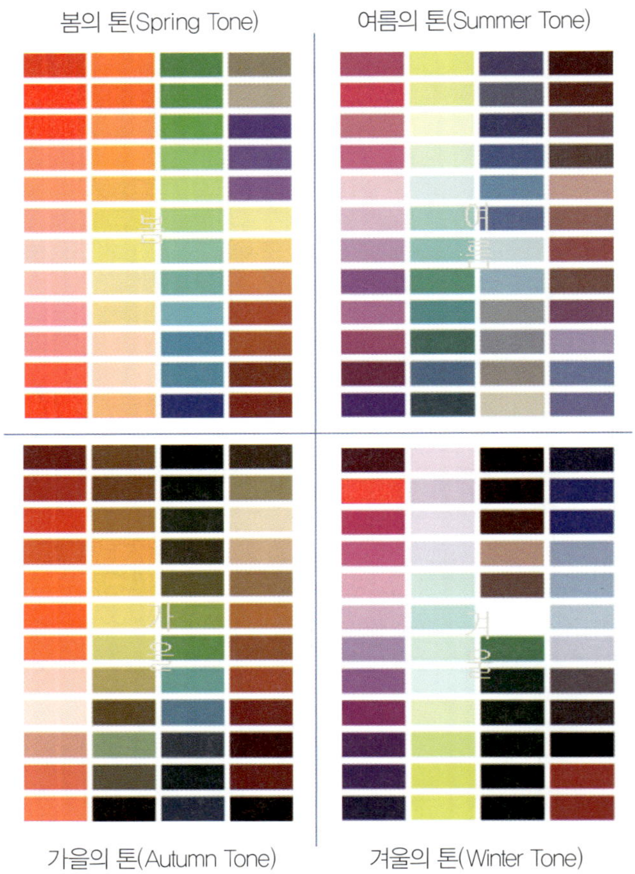

〈그림 7-40〉 사계절별 유형에 따른 톤

2) 사계절별 컬러 코디네이션

(1) 봄 유형

봄은 사계절 중에서 모든 만물이 생명력과 에너지를 가지는 기운으로 파릇파릇한 새싹의 연두와 초록, 훨훨 날아다니는 나비의 노랑을 상징하게 된다. 봄의 생명력에 어울리는 노란색을 기본으로 원색적이고 선명한 색이 잘 어울린다. 깨끗함, 경쾌함, 맑은 색상들의 특징으로 젊음의 분위기를 표현하게 하며, 고명도와 고채도의 선명함과 투명함이 봄의 이미지이다.

어울리는 색상으로는 노란색이 기조색으로 혼합된 원색과 베이지색, 산호색, 연두색, 노란색 등 밝은 색상이 잘 어울린다.

〈그림 7-41〉 봄 타입의 컬러

(2) 여름 유형

여름은 푸른 바다와 흐린 파스텔 톤의 소프트한 느낌으로 흰색과 파란색이 주를 이룬다. 흰색을 기본으로 지니고 있다 보니 밝고 부드럽지만 선명하지 못하고 흐린 편이다. 전체적으로 흰색을 지니고 있어 파스텔 톤의 부드럽고 여성적이며 우아한 이미지를 가지고 있다. 배색할 때 색상 간의 콘트라스트가 적어 봄처럼 선명하고 뚜렷함보다는 내추럴한 자연스러움과 부드러움이 주를 이룬다. 고명도 저채도, 중명도 중채도의 톤으로 부드럽고 도회적인 이미지이다.

어울리는 색상으로는 흰색과 파란색이 가미된 핑크, 로즈, 라벤더, 마린블루, 청회색, 블루진, 로즈, 청록색 등의 색상이 잘 어울린다.

〈그림 7-42〉 여름 타입의 컬러

(3) 가을 유형

가을은 사계절 중 자연이 가지는 컬러의 풍요로움을 주는 계절이다. 황금빛의 들판, 붉은 빛이 도는 가을의 단풍만 봐도 가을 유형은 골드 기운의 차분함과 깊이 있는 느낌을 주는 이미지를 가지고 있다. 가을의 색은 전체적으로 골드와 황색 톤을 가지고 있어 따뜻한 색 중에서도 어둡고 흐린 톤으로 자연스러우며 내추럴한 차분함을 준다. 중명도에서 저명도로 어두운 톤이며 채도는 저채도의 색으로 골드빛의 노랑, 빨강, 브라운, 금색, 구리빛 색, 베이지색, 카멜색, 카키색, 올리브그린, 갈색 계열 등이 잘 어울린다.

〈그림 7-43〉 가을 타입의 컬러

(4) 겨울 유형

겨울은 블랙과 화이트가 기본이 되는 무채색에 가까울 정도의 자연의 색과 푸른빛이 감도는 선명하고 강렬하며 어둡고 짙은 색으로 무게감을 느끼게 하는 이미지를 가지고 있다. 푸른빛이 감도는 여름 타입과 마찬가지로 흰색이 기본 색상이지만 여름 타입과는 다르게 콘트라스트가 강한 편으로 모던하고 심플하며 선명한 이미지를 준다. 고명도와 저명도이며 채도는 고채도의 선명한 색으로 파란색을 기본으로 블랙과 화이트, 푸르스름한 빛이 감도는 자주 계열, 와인, 블루 계열, 청 블루, 청회색, 보라, 남보라 등이 잘 어울린다.

〈그림 7-44〉 겨울 타입의 컬러

2. 패션룩 스타일링

1 패션룩(Fashion Look / Style)

- 외관·스타일 전체의 모양을 단적으로 나타내는 말이다.
- 색채·문양·소재·디테일 등을 포함해서 그 의복의 대표적인 특징과 경향을 나타낼 때 쓰이는 말로 실루엣과 같은 뜻으로 사용되며 스타일이라 부르기도 한다.

2 패션룩의 종류

1) 로맨틱 스타일

● 룩

- 귀엽고 화사한 A라인 슈트, 원피스 등이 대표적인 디자인
- 가벼운 시폰, 얇은 면 등을 사용
- 색은 연한 페일 톤, 브라이트 톤을 사용
- 레이스나 프릴, 러플 등 귀여운 디테일과 꽃, 하트 등 귀여운 트리밍 등은 로맨틱한 효과를 더해 줌

● 메이크업

- 전체적으로 밝고 화사한 느낌
- 눈썹은 브라운 계열
- 아이섀도는 파스텔 톤으로 화사하게 표현
- 치크는 핑크 계열
- 입술은 곡선으로 그려주며 연한 핑크로 투명하게 표현

- 액세서리

• 소품과 액세서리는 부드러운 곡선 형태나 귀여운 장식이 있는 형태를 사용함

• 구두는 리본 장식이나 구슬 장식이 있는 귀여운 디자인 선택

• 핸드백은 부드러운 소재의 작은 것을 선택하고 리본 장식이나 코사지 등을 이용하는 것도 효과적

2) 매니시 스타일

- 룩

• 패션에서의 매니시는 남성적이며 댄디와 같은 맨즈 패션적인 여성복 스타일

• 자립심이 강한 여성의 이미지

• 주로 딱딱한 직선적인 실루엣. 드레스 셔츠에 테일러드 칼라의 재킷, 팬츠 스타일

• 디테일은 최대한 심플하고 간결하게 사용

• 색은 진한 덜 톤이나 무채색, 감색, 카키 베이지색을 주로 사용

- 메이크업

• 진한 그레이나 블랙 등으로 약간 두껍게 각이 지게 그린다.

• 눈도 아이라인을 그려주며 아이섀도는 색깔이 나타나지 않게 음영 정도만 표현

• 치크는 브라운 계열

• 입술은 베이지나 브라운 등을 사용

- 액세서리

• 소품과 액세서리는 장식성이 없는 시크한 디자인을 선택하거나 생략

• 구두는 디테일이 적은 낮은 굽, 펌프스가 적당함

• 벨트나 넥타이, 중절모는 효과적인 소품

3) 에스닉 스타일

● 룩

- 에스닉은 특정 민족에 전해 내려오는 민족적인 복식을 의미함
- 에스닉 룩에는 중국, 일본, 한국, 인도, 동남아시아 등의 복식 이미지를 담은 오리엔탈 룩, 인디언 룩, 아프리카 원주민의 토속적인 이미지를 담은 이국적인 이미지 룩
- 천연소재의 원색 대비, 신체 굴곡을 강조하지 않는 실루엣 등이 포인트

● 메이크업

- 다크톤의 글로시한 피부톤
- 단색의 아이섀도를 넓게 펴 바른 색조 화장
- 짙은 색의 눈썹
- 내추럴한 입술화장을 포인트로 함

● 액세서리

- 천연가죽, 핸드메이드, 프린징 장식
- 나무소재, 스프링 등을 소재로 함

4) 모던 스타일

● 룩

- 패션에서 모던이미지는 자신감 있고 세련된 스타일로 다소 차가우면서 시크한 현대적 감각의 이미지
- 불편한 장식을 없애고 직선이나 단순한 곡선의 심플하고 간결한 디자인
- 소재는 라메, 개버딘, 가죽 등을 많이 사용
- 색은 차갑고 이지적인 느낌의 모노톤이나 검은색이나 흰색의 배색, 그 반대의 화려한 색의 배색을 사용

● 메이크업

- 눈썹은 블랙이나 그레이로 눈썹상은 각이 지지 않게 직선형이나 화살형으로 짧게 하여 간결하고 현대적인 느낌
- 치크는 브라운
- 입술은 색감이 전혀 나타나지 않는 투명한 계열로 표현함

● 액세서리

- 심플하면서 독특한 분위기로 선택
- 구두는 장식이 없고 간결하고 심플한 부츠를 선택
- 가방은 심플한 디자인에 작고 독특하면서 세련된 디자인과 차가운 느낌이 나는 가죽소재나 메탈소재나 플라스틱 등의 모던한 디자인을 선택

5) 내추럴 스타일

● 룩

- 에콜로지 룩은 자연으로 돌아가자는 뜻으로 내추럴리즘의 특성과 유사한 특성을 가져 내추럴리즘과 혼용되기도 함
- 자연을 테마로 한 비주얼 주류를 이룸
- 천연소재나 천연염료를 사용한 자연적인 이미지, 낡은 듯한 빛 바랜 색상의 이미지가 있음

● 메이크업

- 건강미 있는 정돈된 피부톤에 색조화장을 배제한 스타일
- 무색이나 연한 색상의 입술 화장 등을 포인트로 함

● 액세서리

- 천연소재를 그대로 사용

- 천연염색의 소품, 기계적인 것을 배제함
- 낮은 굽이나 굽 없는 신발을 소재로 함

6) 소피스티게이티(하이패션) 스타일

룩

- 도시적인 느낌, 인공적으로 다듬어진 세련미, 성숙미를 가진 전문 직장 여성들의 패션
- 높은 안목과 잘 다듬어진 도시 감각으로 지성미와 교양미를 표출하려는 20, 30대 여성들이 좋아하는 스타일
- 소재는 벨벳, 광택 소재, 가죽, 모헤어, 울, 실크 사용

메이크업

- 눈썹은 차가운 느낌, 그레이나 브라운 등으로 진하게 각이 지게 함
- 눈은 깊은 눈매를 표현
- 눈꼬리에 아이라인
- 치크는 차분한 색
- 입술은 아이섀도와 어울리는 색깔로 샤프하게 그림

액세서리

- 전체적인 이미지를 고려하여 세련된 디자인을 선택함
- 구두와 핸드백은 심플하면서 재질과 디자인이 독특한 스타일로 유행에 따라 전체적인 이미지와 매치되는 것을 선택함

7) 액티브(스포티지) 스타일

● 룩

- 기능성과 편안함을 중시한 활동적인 캐주얼 감각의 디자인
- 소재는 데님, 저지, 니트, 캐시미어 등 신축성 소재가 사용됨
- 색은 라이트 톤이나 선명하고 강한 비비드 톤을 사용함

● 메이크업

- 발랄하고 경쾌한 이미지로 연출
- 눈썹은 직선이나 각이 진 형
- 아이섀도는 밝은 색
- 아이라인은 짧고 간결하게 젊고 선명한 눈매
- 치크는 핑크나 오렌지
- 입술은 밝은 색 약간 직선

● 액세서리

- 활동적인 분위기의 메탈, 가죽, 체인 등을 사용
- 가방은 비비드 톤의 배색을 주로 사용
- 부드러운 소재로 크기가 큰 것이나 벨트, 파우치 등이 어울리며, 구두는 단화나 스포츠샌들, 운동화 등을 선택

8) 엘레강스 스타일

● 룩

- 엘레강스 이미지는 자연스러운 품위와 우아함이 있는 세련된 스타일로 성숙한 여성의 패션이미지
- 부드럽고 유연한 곡선의 롱 드레스 슈트가 대표적인 디자인

- 소재는 벨벳, 실크, 새틴(공단)
- 색은 무채색이나 부드럽고 감미로운 파스텔 톤. 섬세해 보이는 중간 톤 사용

● 메이크업

- 눈썹은 브라운과 그레이를 사용하여, 아치형으로 부드럽게 그려줌
- 아이섀도는 감미로운 느낌이 들도록 부드러운 색으로 표현
- 치크도 부드러운 느낌, 곡선으로 표현
- 입술은 곡선으로 도톰하고 색감이 잘 나타나도록 함

● 액세서리

- 절제된 화려함으로 우아함을 살려 지나친 장식을 피함
- 핸드백은 작은 토트백
- 진주는 잘 어울리는 액세서리 중 하나이며, 챙이 큰 모자나 장갑 등을 활용

3 체형에 따른 스타일 연출

1) 살이 찐 여성

- 고급스럽고 바느질이 깨끗한 옷으로 단정한 인상을 주는 것이 중요하다.
- 너무 꼭 끼는 옷이나, 너무 여유가 있는 옷은 피한다. 몸에 잘 맞는 것이 좋다.
- 단정하고 위엄 있게 보이려면 진한 감청색, 밤색, 회색 계통의 정장이나 원피스를 입는다.
- 너무 두꺼운 옷감이나 살이 비치는 얇은 감은 피한다.
- 치마 단은 너무 많이 들어가면 키가 작아 보이고, 너무 적게 들어가면 옷이 여유가 없어 보이므로 단을 적당하게 넣는다.
- 블라우스 프릴, 요란한 무늬, 체크무늬 등을 피하고 소매를 강조하는 것을 피한다.

- 신발은 하이힐, 앞이 트인 것, 줄로 엮은 것, 버클이 있는 것을 피한다.
- 안경테는 검은색이나 진한 밤색을 피하고 밤색 계통의 가벼운 테로 한다.
- 서류 가방은 중간 크기로 하고 핸드백과 동시에 들지 않는다.
- 핸드백에 내용물을 너무 많이 넣어 핸드백이 불룩 튀어나오지 않도록 조심한다.
- 얼굴 주위에 생기를 주는 화려한 색깔의 액세서리는 좋으나 심플한 것을 택한다.
- 단정한 머리, 깨끗한 화장으로 머리와 얼굴에 관심을 끌어 전체적으로 정돈된 이미지를 준다.

2) 키가 큰 여성

- 체격이 크면, 베이직이나 연한 회색 정장이 다소 부드러운 이미지를 준다.
- 마른 사람은 진한색 계통의 단색으로 정장/원피스를 택하고 부피를 더해 주는 소재를 택한다. 겨울에 고급 스웨터를 걸칠 수도 있다.
- 배가 나오지 않았으면 더블 상의를 입어도 좋다.
- 체격이 큰 사람은 단색의 심플한 디자인의 블라우스를 입고 큰 단추는 피한다.
- 마른 사람은 프릴이 있는 것도 입을 수 있지만 넓은 세로 줄무늬는 피한다.
- 허리가 긴 사람은 넓은 벨트를 눈에 띄게 할 수도 있다.
- 작은 무늬, 지나치게 앙증맞은 액세서리는 키가 큰 것을 강조할 뿐이다.
- 신발은 낮은 굽을 신고 너무 낮은 것을 피하며 장식이 요란한 것을 피한다.
- 얼굴이 큰 사람은 안경테를 연한 색으로 하고 마른 사람은 너무 진한 색, 무거운 테를 피한다.
- 핸드백이나 서류 가방은 중간 크기 이상으로 하고 작은 것은 절대 피한다.
- 액세서리를 가능한 한 조금 쓰고 단순한 것으로 한다.

3) 키가 작은 여성

- 자신 있고 위엄 있게 보이려면 감청색, 검은색, 낙타색, 회색 정장이나 재킷이 있

는 원피스를 입는다. 정장이나 드레스는 단색이 좋고 재킷과 치마의 색이 대조적인 것을 피한다.

- 디자인은 단순하고 어깨가 지나치게 강조된 것을 피한다.
- 치마 단을 너무 작게 넣고 중심을 아래로 두는 것을 피한다.
- 신발, 스타킹까지 같은 계통의 색깔을 택한다.
- 신발은 하이힐을 신고 불안해 보일 정도로 높은 것은 피한다.
- 안경은 얼굴형과 크기에 맞추고 지나치게 큰 테를 피한다.
- 액세서리는 단순한 것으로 너무 크거나 요란한 것은 피한다.
- 서류 가방과 핸드백은 작은 것으로 해서 시선을 끌지 않도록 한다.
- 시계나 단순하면서 우아한 팔찌 등으로 포인트를 줄 수도 있다 .

자신에게 맞는 네크라인

- **역삼각형 얼굴**: V자형의 각진 스타일의 옷은 더 가늘어 보일 수 있지만 굉장히 좁아 보이는 효과도 가져올 수 있다. 이런 이미지는 조금 깐깐해 보일 수도 있기 때문에 무늬도 둥근형을 많이 사용하는 것이 바람직하다.
- **둥근 얼굴**: V자형의 스타일이 필요하다. 시선을 모아주는 효과를 가질 수 있다. U자형도 괜찮지만 접시처럼 넓은 U형은 절대 안 되고, 옷의 무늬 또한 네모보다는 세모를 선택한다.
- **네모얼굴**: 깊은 U자형도 괜찮다. 하지만 V자형은 각진 형이기 때문에 네모에서 세모의 변화는 조금 거부감을 줄 수도 있다.
- **어깨가 넓은 경우**: 깊은 U자형이나 V자형이 좋고 어깨 끝 선을 보았을 때 옷을 크게 입지 말고 자신의 어깨보다 조금 끼게 입는다.
- **어깨가 좁은 경우**: 넓은 경우와 반대로 입고 넓은 느낌이 나도록 가로 넓은 목선이 되어 있는 옷이 좋다.
- **어깨에 살이 많은 경우**: 둥글게 목선이 되어 있는 옷은 피한다.

3. 메이크업과 헤어

1 스킨 케어의 중요성

스킨 케어란 피부에 대한 보호의 의미로서, 일반적으로 피부 손질을 말한다. 팩이나 마사지 등에 의한 페이셜 트리트먼트(얼굴 손질)나 보디 트리트먼트가 포함되며, 이러한 목적으로 사용하는 화장품을 스킨 케어 화장품이라고 총칭한다. 보디 샴푸, 보디 로션, 탈모제 등의 보디 화장품도 그 하나이다.

1) 스킨 케어 자가진단법

Skin type 자가진단법

세안 후 3시간이 경과할 때까지 기다린다. ▶ 3cm 크기로 자른 정사각형 티슈 4장을 이마, 코, 턱, 볼에 붙인다. ▶ 15초 경과한 후 티슈를 뗀다.

기름기가 전혀 묻어나지 않은 경우	**건성피부**
티슈에 기름기가 아주 희미하게 보이는 경우	**지성피부**
이마, 코, 턱에서 기름기가 묻어난 경우	**복합성 피부**

2) 타입별 클렌징

타입별 클렌징

건성 피부

1. 문지르지 말고 두드리면서 세안해 피부 결을 보호한다.
2. 뜨거운 물 세안은 절대 금지한다.
3. 수분이 함유된 약산성이나 식물성 기름이 풍부한 폼 타입의 세안제를 사용한다.

지성 피부

1. 산뜻한 워터나 젤 타입으로 클렌징하고 폼 클렌징으로 이중세안한다.
2. 약간 뜨거운 물로 세안해 피지를 녹인다.
3. 이마, 턱, 코 등을 중점적으로 문지르며 딥 클렌징한다.

복합성 피부

1. T존은 부드러운 세안용 스펀지로 주기적으로 딥 클렌징한다.
2. 눈과 볼 주위는 과도한 세안을 피하고 로션 타입의 민감성 클렌저를 사용한다.
3. 코 주변은 민감성 클렌저로 별도로 클렌징한다.

민감성 피부

1. 아침에는 물 세안, 저녁에는 비누 세안만 한다.
2. 온도에 민감하므로 미지근한 물을 사용한다.
3. 손에서 거품을 내어 얼굴은 거품만으로 문지른다.

| 따라하기 |

솜털세안법이란?

솜털의 반대 방향으로 최대한 미세하고 많은 거품 세안제를 문지르고 씻어내는 것으로 피부 결을 손상시키지 않는 최상의 세안법

솜털세안방법

Key point

1. 세안 시 피부와 손은 최대한 닿지 않게 쿠션감 있는 세안
2. 세안은 2분 안에 마무리

1. 손을 청결히 한 후 천연비누 또는 폼 클렌징을 준비한다.
2. 얼굴 전용 거품망을 준비한다.
3. 최대한 많은 거품을 낸다.
4. 거품망에서 거품만 쑥~ 빼내어 피부 결을 따라 부드럽게 아기피부를 만지 듯 살살 만져준다.

각질 제거법

▶ 건성 피부

T존을 중심으로 주 1회 정도 스크럽 마사지를 한 후 수분 공급

▶ 지성 피부

철저한 이중세안을 하고 1주일에 2~3회 스팀타월 후 스크럽

▶ 중성 피부

주 1~2회 정도, 스팀타월과 스크럽 마사지를 이용

▶ 민감성 피부

7~15일에 한 번 정도 부드럽고 가벼운 마사지

▶ 여드름피부

알갱이가 없는 부드러운 스크럽제로 물 세안이 가능한 제품을 이용, 주 3회가 적당

여기서 잠깐

● 남자의 스킨케어: 남자의 피부도 시간을 잡지는 못한다

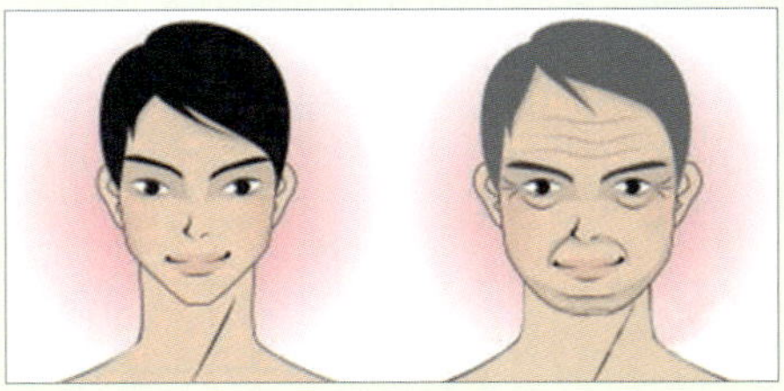

30대에 초등학교 동창 모임을 나가 보면 동갑내기와도 남자들에 비해 여자들이 훨씬 나이 들어 보인다. 시든 백합꽃이라는 둥, 만나지 말아야겠다는 둥 남자 친구들의 짓궂은 농담으로 치부해 버리기에는 사실 여성들이 훨씬 주름도 많고 노화도 상당히 진행되어 있다. 왜 그럴까?

남성의 피부는 여성의 피부에 비해 훨씬 두껍고 피지가 많다. 남성의 경우 이 같은 피부 특징으로 인해 사춘기 때는 여드름이 많이 나지만, 나이가 들면서 외부 환경으로부터 보호가 잘되기 때문에 건성피부보다 노화가 더디다.

어렸을 때 여드름 박사였던 친구가 중년이 되어 뽀얀 피부로 변신하고, 당시 부러움을 샀던 건성 피부의 친구보다 주름도 없고 탱글탱글하게 젊어 보이는 것이 그러한 이유이다. 또한 남성의 피부는 여성보다 콜라겐이 풍부하고 두꺼운 표피층과 피지의 충분한 분비로 30대에도 잔주름이 거의 생기지 않는다. 20대 초반부터 각종 화장품으로 화장대를 가득 채우고 피부 가꾸기에 열심인 여성들에 비해 남성들은 세수도 하루에 간신히 한 번 할까 말까 하는데도 노화가 더디다니 불공평해 보이지만, 이런 남성들의 운 좋은 피부도 '노화'를 피할 수는 없다. 오히려 40대가 되면 여성들보다 더 혹독하게 노화현상이 나타나기 시작한다. 별다른 관리를 안 해도 쉽게 노화가 되지 않던 남성 피부래도 세월 앞에서는 장사가 없는 것이다. 선천적으로 타고난 피부 미인도 세월 앞에서는 노력하는 미인을 따라잡을 수 없다. 예방이 최선의 방법임은 아무리 강조해도 지나치지 않는다. 건강과 뷰티는 망가지기 전에 미리미리 지키자!

● 남자를 위한 스킨 케어 8가지

① 남자의 피부 고민은? • 피부 고민과 피부 타입 파악하기
② 순하고 부드러운 클렌징하기 • 기본 중의 기본, 데일리 케어
③ 일주일에 한 번 딥 클렌징하기 • 모공 안의 피지와 각질 제거
④ 수분 제품 바르기 • 매트하지만 촉촉한 수분 제품 바르기
⑤ 올바른 방법으로 면도하기 • 부드러운 셰이빙 폼과 애프터 셰이브
⑥ 눈 밑의 Bag 관리하기 • 아이 제품 꼼꼼히 바르기
⑦ 자외선 차단제 바르기 • 오일 프리의 산뜻한 제품
⑧ 팩과 보습제로 민감성 피부 관리하기

출처 : [네이버 지식백과] 남자의 스킨케어

2 메이크업 연출

메이크업(化妆美容, Make-Up Beauty)의 사전적 의미는 '제작하다, 보완하다'라는 뜻이다. 일반적 의미는 화장품이나 도구를 사용하여 신체의 장점을 부각하고 단점은 수정 및 보완하는 미적 행위이며 자신의 정체성, 가치관을 표현하는 것이다.

메이크업의 목적은 외부의 먼지나 자외선, 대기오염 및 온도 변화에 대해서 피부를 보호하고, 아름다워지고 싶어하는 기본적인 미화의 목적을 위해 이용되며, 생활의 편의를 도모하고 종족보존에도 영향을 미치며 궁극적으로는 얼굴의 단점을 보완하고 장점을 부각시키는 것에 있다.

1) 메이크업의 기원

(1) 종교설

주술적이고 종교적 행위로 메이크업이 시작되었다는 설이다. 특정 색상이나 모양으로 의복이나 신체를 장식하여 재해를 물리치고 신에게 경배하기 위해 향나무 가지를 태우고 향나무 잎이나 열매의 즙으로 향수나 향로를 만들어 미화 수단으로 사용하였다.

(2) 보호설

본인을 어떤 종류의 위험으로부터 보호하고 은폐시키기 위한 수단으로 메이크업을 하였다는 견해에서 나온 설이다. 코울이나 진흙을 발라 태양과 모래, 곤충으로부터 눈과 신체를 보호하고 막아주는 수단으로 사용되었다.

(3) 장식설

원시시대 인간이 옷을 입기 전 미적 본능으로 장식적인 수단에서부터 메이크업이 시작되었다고 보는 설이다. 나체 상태에서 동물, 꽃 등을 그리거나 다양한 색채의 식물 색료를 사용하여 조각과 문신을 새겨 자신을 장식하는 행위가 발전되어 메이크업으로 이어졌다.

(4) 신분 표시설

집단 내에서 지위나 계급, 성별 등을 구별하기 위한 목적으로 메이크업이 시작되었다고 보는 설이다. 헤어스타일, 귀걸이, 코걸이 등의 장신구는 미와 함께 계급이나 신분, 소속을 나타내기 위한 형태이다.

(5) 위장설

새의 깃털이나 부리, 짐승의 뿔, 식물성 색소들을 이용하여 얼굴이나 신체를 위장함으로써 적의 위험으로부터 보호하고 전쟁 또는 사냥에서 승리로 이끌고자 메이크업을 행하였다.

2) 메이크업 테크닉

(1) 파운데이션과 파우더

Technic 1. 파우더

투명 메이크업의 성패는 파운데이션의 피부 밀착도에 따라 결정된다. 파운데이션은 리퀴드 타입, 콩알만 한 사이즈를 적당량 손이나 퍼프를 이용해 두드리면서 발라 피부 밀착도를 높여야 한다. 가루 파우더를 꼼꼼히 바르는 것으로 마무리

고운 파우더 입자로 피부 밀착력이 뛰어나 투명 메이크업이 오랫동안 유지된다.

파우더

트윈 케이크

파우더에 비해 커버력과 지속력은 뛰어나지만 피부 투명도는 떨어진다. 메이크업을 수정할 때는 피지를 제거한 뒤 할 것

(2) 아이섀도

Technic 2. 섀도

피치, 옐로우, 화이트 등의 베이스 컬러가 신입생에게 가장 적합. 섀도를 눈두덩 전체에 얇게 펴 바를 것. 짙은 컬러는 쌍커풀 라인을 따라 아주 얇게 발라야 부담스럽지 않다.

눈두덩 전체에 펴 발라도 전혀 부담스럽지 않은 은은한 베이스 컬러

연피치 컬러

핑크 컬러

아주 하얀 피부가 아니라면 부담스러울 밝은 핑크 컬러. 아이라인을 따라 얇게 바르는 포인트 메이크업에 적합

(3) 아이라이너

Technic 3. 아이라이너

눈썹 사이 사이를 메워 주듯이 그리는 것이 자연스러운 아이라이너 그리는 요령. 너무 오버해서 눈꼬리를 길게 빼는 것은 절대 피하는 것이 좋다.

손쉽게 그리고 지울 수 있는 펜슬타입. 하지만 쉽게 번질 수 있으므로 워터 프루프 타입을 고를 것

펜슬 타입

리퀴드 타입

섬세하고 명확한 라인 연출이 가능하지만 초보자는 그리기 쉽지 않은 것이 단점. 반드시 전용 메이크업 리무버로 지울 것

(4) 마스카라

Technic 4. 마스카라

미리 뷰러로 속눈썹을 한 번 집은 뒤 마스카라를 발라야 드라마틱한 효과를 볼 수 있다. 마스카라가 뭉칠 때는 면봉의 나무 부분을 이용해서 떼어준다.

솔이 얇은 마스카라는 번짐이나 뭉침이 적어 초보자에게 적합하다. 화이트베이스 코팅막을 형성해 속눈썹이 한결 길고 풍성해진다.

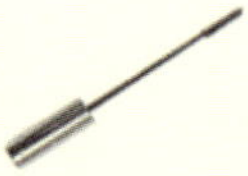

솔이 얇은 마스카라

솔이 굵은 마스카라

아무래도 솔이 굵은 마스카라는 피부에 쉽게 닿아 번지기 쉽다. 독특한 삼각형 구조가 속눈썹을 풍성하게 한다.

(5) 볼터치

Technic 5. 볼터치

연핑크나 오렌지 계열의 볼터치를 광대뼈 부분에 부드럽게 넓은 U자를 그린다는 생각으로 바른다. 부드러운 솔을 사용, 피부 자극을 최소화할 수 있다.

피부에 바르면 눈으로 보았을 때보다 컬러가 더 옅어진다. 은은한 컬러로 피부에 생기를 더 한다.

오렌지 계열

짙은 브라운 계열

얼굴이 작아 보이도록 짙은 컬러의 볼터치로 섀딩을 주는 것은 이제 그만. 턱 라인이 더욱 강조될 수 있다.

(6) 립라이너

Technic 6. 립라이너

립스틱을 바를 때만 라이너로 그리는 것이 절대 아니다. 립글로스를 바를 때도 누드계열의 립라이너로 입술 라인을 그리면 한결 또렷한 입술을 연출할 수 있다.

피부톤과 같은 누드 립라이너. 립라이너를 발랐다는 티가 나지 않도록 살짝 그리는 것이 포인트

진한 컬러의 립라이너로 그리는 건 절대 금물. 소녀다운 순수함이 전혀 없는 스타일이 될 수 있다는 것을 명심

(7) 립글로스

Technic 7. 립글로스

촉촉하지만 지나치게 많이 발라 번들거리지 않도록 주의할 것. 립 브러시를 이용해 바르면 한결 정교하고 깔끔한 입술을 연출할 수 있다.

여기서 잠깐

● 눈썹 그리는 기본 테크닉

눈썹을 그리기 전에 일단 자신의 눈썹머리, 눈썹산의 위치, 눈꼬리의 위치를 정하는 것이 중요하다. 일반적인 눈썹의 형태와 길이를 재는 방법은 다음과 같다.

- 눈썹머리

콧망울에서 일직선으로 눈썹이 만나는 곳을 시작점으로 한다.

- 눈썹산

눈썹머리에서 눈썹 꼬리 쪽을 지나 2/3되는 곳을 눈썹산으로 정한다. 눈썹 산이 없으면 얼굴이 커보인다.

- 눈썹꼬리

콧망울에서 눈썹꼬리를 지나 눈썹과 만나는 곳을 기본으로 한다. 눈썹 중 가장 가는 부분이라고 생각하고 깔끔하고 가늘게 그려준다.

● 눈썹 모양과 그에 따른 느낌

각진눈썹

지적이고 단정하며 세련된 느낌. 둥근 얼굴형 또는 얼굴 길이가 짧은 사람

아치형 눈썹

우아하고 여성스러운 느낌. 각진 얼굴형 또는 이마가 넓은 사람

직선형 눈썹

젊고 활동적인 느낌. 긴 얼굴형 또는 이목구비가 뚜렷한 사람

처진 눈썹

평온하고 부드러운 느낌. 자칫 잘못 그리면 슬픈 듯한 분위기. 역삼각형 또는 이마가 넓은 사람

A. 눈썹 모양 만들기

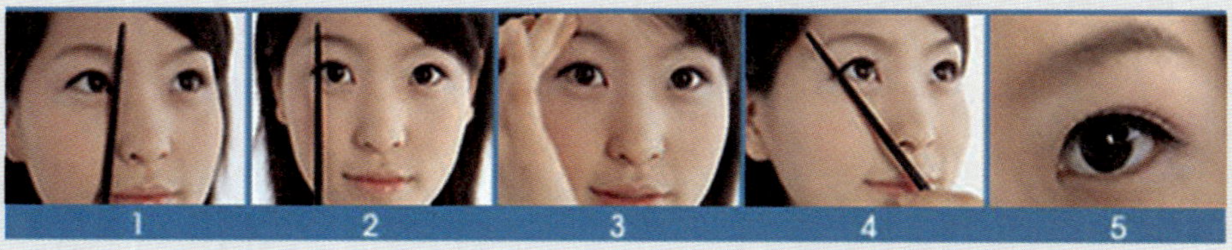

1. 먼저 눈썹 시작 부분을 체크한다. 눈 시작 부분과 콧날의 중간 지점이 바로 눈썹이 시작되는 위치. 연하게 표현되는 펜슬로 표시한다.
2. 눈썹의 높은 부분은 검은 눈동자 끝과 눈 끝의 중간 정도로 잡는다.
3. 눈썹 위에 손가락을 대고 힘을 주었을 때 움찔한 느낌이 드는 곳이 눈썹을 움직이는 근육. 이곳과 2에서 잡은 눈썹의 높은 부분을 연결한 선이 눈썹산이다.
4. 콧망울 끝과 눈꼬리의 연장선이 눈썹 끝의 위치. 눈썹 시작 부분과 같은 높이에 있게 하는 것이 중요하다.
5. 지금까지 표시했던 1, 3, 4를 연결해 눈썹의 형태를 잡으면 된다.

B. 잔털 제거하기

1. 눈썹털의 흐름에 따라 눈썹 시작 부분과 눈썹산은 위로 경사지게, 눈썹산부터 눈썹 끝까지는 아래로 경사지게 빗는다.
2. 라인 바깥에 나 있는 잔털은 뽑거나 잘라준다. 털이 나 있는 방향을 따라 뽑아주면 덜 아프게 뽑을 수 있다.
3. 가이드 라인에서 벗어난 눈썹 끝은 가위로 잘라준다. 이때 한번에 자르는 것은 부자연스러운 눈썹을 만드는 지름길. 한 올씩 커트하는 것이 좋다.

● C. 눈썹 그리기

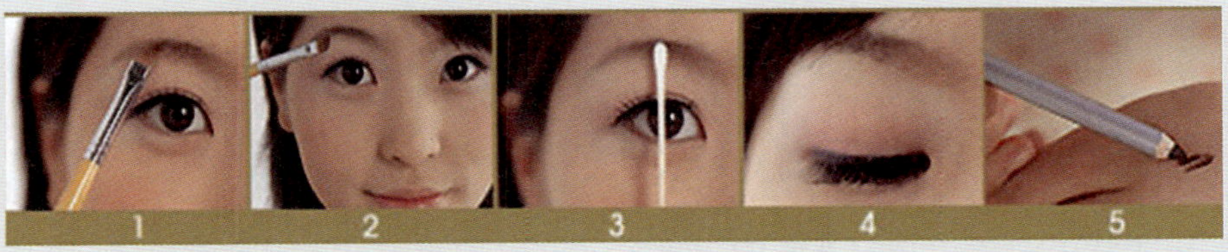

1. 눈썹 라인 안쪽을 섀도로 메워준다. 눈썹털 흐름에 따라 눈썹의 가장 높은 부분까지 조금씩 그리는 것이 요령
2. 가늘어지는 눈썹 끝은 섀도를 묻힌 브러시 끝이나 펜슬로 그린다. 이때 섀도가 라인에서 벗어나지 않도록 주의하자.
3. 눈썹 시작 부분부터 눈썹산까지의 위쪽 라인을 펴준다. 이때 방향은 얼굴 바깥쪽으로
4. 눈썹 시작 부분에 표시한 것을 면봉으로 펴준 다음, 브러시에 섀도를 묻혀 넉넉하게 시작 부분을 칠한다. 이때 브러시를 눈썹 시작 부분 아래에서 위로 여러 번 움직이듯 엷게 칠하는 것이 포인트
5. 눈썹 끝을 그리기 위해 펜슬 끝을 가늘게 손질한다. 심이 딱딱한 펜슬을 옆으로 눕히고, 종이나 손등 위에 대고 미끌어지듯하게 칠하다 보면 가늘어진다. 그 다음 눈썹 끝을 펜슬로 그려준다.

● 본인의 얼굴형에 어울리는 눈썹을 디자인하여 보자.

3 헤어스타일링 연출

1) 두피관리

(1) 두피관리의 중요성

기존의 모발관리는 모발부분만 하다 보니 모공 주변이 피지나 이물질, 노화, 각질 등에 의해 막히게 되고 그 결과 안에서 나오는 분비물 등으로 모발이 성장하는 데 장애가 된다. 또한 피지선에서 분비되는 피지가 제대로 밖으로 나오지 못하기 때문에 두피 염증이나 홍반 그리고 심한 경우 탈모 또는 지루성 피부염 같은 문제점을 낳게 된다.

두피관리는 모발성장에 장애가 되는 문제점을 제거해 주어 외부로부터의 영양 공급도 원활히 이루어지도록 도와주고, 또한 내부에서 분비되는 탄력 있고 윤기 있는 모발이 원활하게 성장할 수 있도록 도와주기 때문에 꼭 필요한 기본 관리이다.

(2) 두피 스트레스 해소법

겨우내 익숙했던 두피는 갑자기 따뜻해진 기온과 강렬한 자외선으로 쉽게 민감해져 트러블이 생기기도 한다. 이럴 땐 충분한 휴식과 함께 가벼운 마사지로 두피를 보다 쉽게 관리할 수 있다. 두피를 전문적으로 관리해 주는 곳에서 '두피 스파'를 받는 것이 가장 좋지만 이 방법은 금전적·시간적으로 충분하지 못한 현대 여성들에게는 다소 무리가 있다. 특히, 두피는 지속적으로 집중 관리해 줘야 건강을 회복할 수 있는데, 일회성에 그치게 되면 돈과 시간을 낭비할 뿐이다.

(3) 홈 케어 '1분 두피 마사지'

두피 마사지는 혈액 순환에 도움이 될 뿐만 아니라 스트레스 받은 두피를 진정시키고, 다양한 두피 트러블을 완화해 주기 때문에 건강한 두피관리를 위한 좋은 습관이라 할 수 있다.

1. 샴푸 후 두피에 오백원 동전 분량의 '두피샴푸'를 두피에 골고루 발라 가르마 부분을 네 손가락으로 가볍게 누른 다음 좌우로 2~3회 누른다.
2. 가장자리 머리 중심부 후두부 순으로 가볍게 만져준다. 이 동작을 6회 정도 반복한다.
3. 손가락을 통과시키듯 10회 정도 머리를 위에서 아래로 쓸어 내린다.
4. 마지막으로 머리카락 전체를 잡아당기듯 끌어 올린 후 서서히 내리면서 마무리한다.

두피 마사지는 모발을 건강하게 해 줄 뿐만 아니라 윤기 있고 건강한 모발을 위한 가장 기초적인 단계이다.

무엇보다 가장 중요한 건 '단백질이 충분한 음식을 많이 섭취'하는 것이다.

2) 윤기나는 모발관리

TIP

모발은 한 번 손상되면 재생 능력이 떨어지기 때문에 손상되기 전에 예방하는 게 최선이다. 찰랑찰랑 윤기나는 모발을 위한 모발관리법과 환절기 건조해질 수 있는 두피케어 방법을 알아보자.

윤기나는 모발을 위한 평상시 관리법

1. 자신의 모발 타입에 맞는 샴푸를 적당량 사용하기
2. 머리를 감을 땐 미지근한 물로 사용하기
3. 샴푸, 린스 후에는 충분히 헹구어 주기
4. 드라이 시 미지근한 바람으로 머리 말리기
5. 빗질은 머리가 마른 상태에서 좋은 빗을 사용하여 두피 깊이 마사지하듯이 빗질해 주기

헤어제품 앰플과 에센스

영양분이 진하게 농축되어 있는 앰플은 한 번만 사용해도 윤기와 찰랑거림에 대한 효과를 바로 확인할 수 있는 스페셜 케어 제품이다. 일주일에 한두 번 사용하고, 사용할 때는 3분 정도 마사지한 후 헹구면 된다. 좀 더 빠른 효과를 원한다면 앰플 사용 후 스팀타월을 쓰고, 10분 정도 지나 헹구면 열기로 인해 머리카락의 단백질이 단단해져 그 효과를 오래 지속할 수 있다.

헤어 에센스

- 모발뿐 아니라 두피에도 사용해야 하는 필수 케어제품이다.
- 가려움 등 두피 트러블이 생기는 민감하고 연약한 두피엔 샴푸 후 타월 드라이를 하거나, 건조 상태에서 트러블이 있는 부위를 중심으로 팥알 크기만큼 한 방울씩 에센스를 뿌려주면서 문질러 주면 좋다.
- 얼굴이 건조해지면 미스트를 뿌리는 것처럼 머리카락도 마찬가지이다.
- 손상이 심한 모발이라면 헤어 전용 에센스를 휴대하고 다니면서 머리카락에 수시로 뿌려주는 것이 좋다.

오일타입 에센스

- 푸석함과 건조함을 빠르게 케어해 주는 대신 지성 모발에는 수시로 바르기 부담스러울 수 있으므로 워터 타입의 에센스로 푸석함을 느낄 때마다 수시로 뿌려주면 온종일 산뜻하고 매끈한 머릿결로 관리할 수 있다.

브러싱 (빗질)

- 두피의 혈액순환을 도울 뿐만 아니라 모발 표면에 있는 큐티클층을 가지런히 정리해 주는 효과를 준다.
- 하루 30~40번의 브러싱은 윤기 있는 헤어로 가꾸기 위한 첫 단계라 할 수 있다.

memo

모발관리 TIP

STEP 01 하루에 50회 이상 기초 브러싱	끝이 둥글고 매끄러운 빗으로 두피를 자극해 주면 모근이 튼튼해지는데, 두피의 영양분이 머리카락에 고루 전해질 수 있도록 하기 위해서는 앞쪽에서 뒤로 왼쪽에서 오른쪽으로 하루 50번 정도 빗는다. 머리 감기 전에도 머리를 한 번 빗어주면 샴푸 시 머리가 빠지는 것을 어느 정도 예방할 수 있다.
STEP 02 피지 분비량/샴프	일반적으로 샴푸는 이틀에 한 번꼴로 하는 것이 가장 적당하며 너무 자주하면 머리카락이 건조해지고 푸석해지므로 주의해야 한다. 단, 피지 분비량이 많다고 생각되면 하루 한 번도 적당하다.
STEP 03 저녁에 머리를 감았다면 꼭 다 말리고 자기	머리카락도 자는 동안에 영양이 전달된다고 하니 머리에 왁스, 에센스, 스프레이를 발랐다면 꼭 씻어낸 후 잘 말린 후에 자야 머릿결이 회복되는 데 도움이 된다.
STEP 04 린스는 손상된 부위에만 충분히 바른다.	린스의 역할은 머리카락에 손상된 큐티클층을 정돈해 주는 것인데, 손상이 있는 머리끝 부위에 집중적으로 마사지하듯이 톡톡 두드려준 후 깨끗하게 헹궈내 주는 것이 좋다.
STEP 05 주1회 트리트먼트 제품으로 영양보충	손상된 머리결을 회복시켜주고 영양분을 공급해 주는 트리트먼트는 건강한 모발을 가진 사람도 주1회 정도 꾸준히 해 주는 것이 좋다. 바를 때는 머리카락 끝부터 두피까지 고르게 바른 후 랩이나 헤어팩을 두른 상태로 15분 정도 방치해 두었다가 행군다.
STEP 06 머리를 말릴때는 타월을 톡톡 두드리면서 물기만 털어내기	머리카락은 젖은 상태에서 가장 손상될 위협이 많으므로 머리카락을 비비면서 말리는 것은 삼가한다. 머리를 말릴 때는 타월을 이용해 톡톡 두르리면서 물기만 제거한다.
STEP 07 드라이기는 물기를 제거한 후 이용	물기가 있는 상태에서는 머리카락이 약해져 손상을 입기 쉬우므로 뜨거운 바람보다는 찬바람으로 물기를 완전히 제거한 헤어와 20cm 이상 거리를 유지하면서 말려준다. 뜨거운 바람으로 말리더라도 마무리는 반드시 찬바람을 이용한다.

3) 헤어스타일 연출

(1) 달걀형

- 얼굴형의 특징
  - 이상적인 얼굴형
  - 세로가 가로의 약 1.5배 정도의 비율을 유지하는 스타일
  - 다른 얼굴형을 수정할 때 기준이 되는 얼굴형
  - 어떤 디자인도 어울릴 수 있는 형이므로 얼굴의 윤곽을 그대로 드러내는 것이 좋다.
  - 다양한 헤어 스타일을 연출할 수 있다.

(2) 둥근 얼굴형

- 얼굴형의 특징
  - 원형이 강조되는 얼굴로 헤어라인과 턱선이 눈에 띄게 둥근형
  - 얼굴이 넓이와 길이가 거의 동일한 형
  - 다소 귀엽과 발랄한 분위기를 주어 나이에 비해 어려보이는 장점이 있다.

- 어울리는 헤어스타일
  - 둥근 얼굴을 최대한 길어 보이도록 하기 위해서는 앞가르마를 피하고, 옆가르마를 이용하여 탑부분으로 볼륨을 주고 옆부분은 볼륨을 피한다.
  - 수평선보다 수직선이 강조되는 헤어스타일을 통해 둥근형을 세련되고 개성 있게 보이도록 연출한다.
  - 긴 머리가 강조되는 스트레이트나, 탑부분에 볼륨을 주는 자연스러운 업스타일, 옆가르마를 이용한 탑부분에 볼륨이 들어간 헤어스타일이 비교적 둥근 얼굴형에 어울리는 헤어스타일로 볼 수 있다.

- 피해야 할 헤어스타일
  - 귀 뒤로 두발을 넘겨 얼굴을 드러내면 더욱더 둥근 느낌을 강조하게 되므로 피한다.

- 양 옆쪽으로 볼륨을 주는 것은 절대로 피한다.

(3) 사각형 얼굴

● 얼굴형의 특징

- 얼굴 광대뼈와 턱부분이 돌출되어 있어서 딱딱하고 고집스러운 인상을 줄 수 있다.

● 어울리는 헤어 스타일

- 길어 보이는 것보다는 둥글게 보이는 것이 중요하므로 얼굴을 감싸는 느낌의 헤어라인 부위에 그라데이션을 많이 내는 헤어스타일이 적당하며 턱선이 드러나지 않도록 하는 것에 유의한다.
- 비대칭 스타일이나 전체적으로 굵고 부드러운 웨이브의 스타일이 어울린다.

(4) 긴형 얼굴

● 얼굴형의 특징

- 공허한 분위기의 뺨을 가진 길고 가는 얼굴
- 얼굴의 세로 길이가 가로 폭에 비해 매우 길다.
- 긴 얼굴은 지루해 보이며 턱이 길고 뾰족하면 자칫 날카로운 느낌을 주기 쉽다.

● 어울리는 헤어 스타일

- 얼굴이 전체적으로 길어 보이지 않게 하는 데 중점을 둔다.
- 이상적인 헤어스타일은 단발형의 보브스타일
- 앞머리는 낮게 뱅(bang)을 만들고 옆머리는 전체적으로 층을 준 헤어스타일로 산뜻한 느낌을 준다.

● 피해야 할 헤어스타일

- 얼굴형이 그대로 드러나 보이는 업스타일(Up Style), 앞가르마를 나누는 것은 절대 피한다.

- 스트레이트 단발이나 머리 길이가 얼굴 윤곽보다 짧으면 긴 얼굴형이 돋보이게 되므로 적합하지 않다.

(5) 역삼각형 얼굴

얼굴형의 특징

- 얼굴 이마 폭이 넓고 양 턱의 선이 좁은 얼굴형
- 시원하고 보기 좋은 이미지를 준다.

어울리는 헤어스타일

- 모든 헤어스타일이 비교적 잘 어울리는 얼굴형
- 탑(top)을 조금 높게 하고 튼 뱅(Bang)으로 이마를 좁게 하며 옆은 턱쪽 부분에 양감을 많게 하면 턱선을 부풀어 보이게 하여 뾰족한 것을 보완한다.

피해야 할 헤어스타일

- 머리 윗부분을 평평하게 하거나 옆선을 강조하지 않도록 한다.
- 키가 작은 사람은 롱 헤어스타일을 삼가는 것이 좋다. 특히, 퍼머 등으로 볼륨을 살리면 머리나 얼굴이 실제보다 더 커 보이게 되고 키를 더 작아보이게 한다.

4. 면접 코디네이션

1 면접 매너

취업면접은 면접자가 지원자의 능력과 기술, 진로 목적, 지난 날의 일의 경험, 지도력, 대인관계, 가정생활 그리고 지원하는 직장이나 직무에 대해 어느 정도 알고 있는지 등을 탐색하기 위해서 지원자에게 묻는 질문에 지원자가 대답하는 의사소통과정이다. 이러한 관점에서 볼 때, 응시자의 의사소통 능력이 취업면접에서 중요한 요인임을 알 수 있다.

의사소통은 언어적·비언어적 행동으로 이루어진다. 취업면접에서 응시자의 서투른 문법구사, 간결치 못한 대답 내용, 명확하지 못한 발음, 그리고 지나치게 겸손한 말과 같은 언어적 행동과 경직된 자세, 시선 접촉의 회피, 손놀림이나 머리 끄덕임의 부자연스러움 등과 같은 비언어적 행동은 면접자에게 부정적인 인상을 주게 되어 선발평정에 나쁜 영향을 미치게 된다.

남성 면접자세	여성 면접자세

1) 언어적 행동

첫째, 면접자의 질문에 간결하게 대답한다.

둘째, 면접자의 질문에 머뭇거림 없이 대답하며, 자신의 의견을 소신 있게 말한다.

셋째, 질문의 문제의 핵심을 파악해야 한다. 면접관이 원하는 요소를 제대로 파악하고 논점을 파악하여 답변을 해야 한다.

넷째, 자신의 생각, 의견, 느낌을 솔직하고 정직하게 표출하며, 성의 있는 태도로 말한다.

다섯째, 자신에 관해 긍정적으로 말한다.

여섯째, 음성을 지나치게 부드럽게 하거나 너무 크게 하는 것을 삼간다.

일곱째, 낮게 가라앉은 소리와 감정표현을 위해 의도적으로 지나친 음성조절은 삼간다.

2) 비언어적 행동

첫째, 시선의 접촉에 있어서 면접자는 질문에 대답할 때 질문한 면접자와 시선의 접촉을 유지한다.

둘째, 자세의 경우 양손을 무릎 위에 가지런히 놓되, 다리를 무리해서 모은 경직된 자세는 피하고 자연스럽고 편안한 자세를 취하도록 한다.

셋째, 손놀림의 경우 손을 한 곳에만 가만히 두는 것은 삼가며, 손놀림을 할 경우에는 어깨 아래쪽 범위에서 자연스럽게 움직인다.

넷째, 얼굴 표정의 경우 피식 웃거나 이마를 찡그리거나 하는 행위는 삼간다.

다섯째, 목소리의 경우 음성이 지나치게 부드럽거나 느림은 수동적으로, 너무 크면 가끔 공격적으로 보이므로 주의한다.

memo

● 면접 체크리스트

공통	내용	체크
언어적 행동	의사표시를 간결하게 말한다.	
	확신감을 가지고 명확하게 말한다.	
	질문에 경청하고 주어진 답에 적절하게 응답한다.	
	중요 내용을 강조하며, 억양을 조절한다.	
	지나친 자기과시나 영어 남발을 하지 않는다.	
	회사에 대한 잘못된 정보, 과거 정보를 가지고 면접에 응하지 않는다.	
	최대한 격식을 갖춘 자신 있는 말투를 사용한다.	
	과장하지 말고 진실되게 응답한다.	
비언어적 행동	면접관과 자연스럽게 시선 처리가 된다.	
	편안하게 면접관과 시선을 맞추며, 대답 도중 딴 곳으로 시선을 돌리지 않는다.	
	지나치게 눈을 깜빡거리지 않는다.	
	미소 지으며 편안한 자세로 임한다.	
	다리를 떨거나 산만한 행동은 자제한다.	
	적당한 음성으로 소리를 내며, 적당히 손과 머리 끄덕임을 통해 자연스럽게 질문에 호응한다.	
	일에 대한 열정과 관심을 지속적으로 보인다.	
	집중해서 앉아 있는다.	
	몸을 조금 앞으로 기울여 면접관 말에 신중하게 귀 기울이고 있다는 것을 나타내 보인다.	

참고문헌

김영란, 김지양, 박길순, 송유정, 오선숙, 주명희, 홍성순(2012). **프로패셔널 이미지 메이킹**. 경춘사.

김용선(2011). **뷰티색채디자인**. 예림.

미래서비스아카데미(2009). **글로벌매너**. 새로미.

박정준, 이상태, 주종대, 최동열, 하종명, 강영선(2000). **관광과 서비스**. 대왕사.

박종민(2008). 우리나라 역대 대통령들의 리더십: 1953년에서 1994년까지 '대한뉴스' 내 대통령의 PI 연구. **한국언론학보**, 52(3), 151-180.

손일락, 이채안, 홍미선(2006). **국제매너의 이해**. 한올.

손일락, 이채안, 홍미선(2008). **국제매너의 이해**. 한올.

숙명여자대학교 역량개발센터(2012). **환영받는 인재**. 시그마프레스.

신향선(2003). **패션&뷰티를 위한 컬러 이미지메이킹**. 국제.

심윤정, 고샛별, 최욱희, 이수명(2016). **서비스 마인드와 글로벌 매너**. 양성원.

알버트 매러비안 차트(알버트 매러비안: 미국 캘리포니아대학 심리학과 교수)

에모토 마사루(2004). **물은 답을 알고 있다**. 나무심는사람.

오경화, 김정은, 구미지, 성연순, 김세나(2007). **패션 이미지 업**. 교문사.

용인시 예절교육관

원융희(1999). **글로벌 에티켓**. 자작나무.

이경미(2014). **글로벌 비즈니스 매너**. 한올.

이경손, 김희섭, 박영신(2011). **패션 스타일링을 위한 코디네이션**. 교문사.

이동신 외(2004). **정치 커뮤니케이션의 이해**. 커뮤니케이션북스.

이인경(2013). **인파워&서비스이미지메이킹**. 백산출판사.

이재희, 최인희(2016). **비즈니스 커뮤니케이션**. 한올.

이준웅(1998). 후보 이미지의 정치적 영향력에 대한 사회인지론 적 설명: 제15대 대통령선거를 중심으로. **한국언론학보**, 43(2), 243-282.

이형국 외(2015). **커리어디자인**. 한올.

이효성, 이상도(2003). 대학생 유권자들에 의한 텔레비전 매체의 차별적 이용이 정치 지도자의 이미지 형성에 미치는 영향 분석: 참여정부 초기의 노무현 대통령에 대한 이미지를 중심으로. **2003년도 한국홍보학회 추계정기학술대회**.

정미영, 김상희, 하성이, 임은진(2011). 이미지메이킹과 서비스 매너. 청람.
조선일보(2007. 1. 8.). 미래학자 연쇄 인터뷰. A6면.
조영대(2010). 글로벌 에티켓과 매너. 백산.
조영신, 김선희, 이석호(2014). 서비스매너. 한국방송통신대학교 출판부.
주영애, 김선주, 박상욱(2010). 매너와 이미지메이킹 플러스. 신정.
중앙일보(2016. 4. 29.). AI가 만드는 4차 산업혁명. 대형 제조업 붕괴는 필연.
지희진, 조성진(2014). 바른인성과 자기계발. 정민사.
지희진, 한혜숙, 박연희, 최인희, 윤현조(2016). 퍼스널 이미지와 매너. 양성원.
지희진(2016). 글로벌 매너와 이미지 스타일링. 한올출판사.
지희진(2014). 지교수의 행동하는 매너 메이킹하는 이미지. 한올출판사.
최영재(2005). 정치인의 비언어적 행위와 이미지 형성: 눈물효과에 관한 실험연구. 한국방송학보, 19(2), 310-336.
최영재(2006). 정치인의 이미지 관리: 언어 및 비언어 메시지를 중심으로. 한국언론학보, 50(1), 378-405.
최영진(1998). 동양과 서양의 세계의 사상 · 문화적 거리. 지식산업사.
한식 세계화 공식포털 한식 스토리 핵심내용정리
한혜숙, 김현주(2015). NCS기반 비서실무. 새로미.
후쿠하라 마사히로(2014). 하버드의 생각수업. 엔트리.
CCI 색채연구소 신향선(2009). 마음을 움직이는 배색플래닝. 디지털북스.
MBC 스페셜 첫인상 핵심내용 요약 재정리

Argyle, M., Alkema, F., & Gilmour, R.(1971). The communication of friendly and hostile attitudes by verbal and nonverbal signals. *European Journal of Social Psychology*, 1, 385-402.
Bryman, A.(1992). *Charisma and leadership in organizations*. London: Sage.
Coombs, W.T., & Holladay, S.J.(2008). Comparing apology to equivalent crisis response strategies: Clarifying apology's role and value in crisis communication. *Public Relations Review*, 34, 252-257.
Ewen, C., Wihler, A., Blickle, G., Oerder, K., Ellen, B.P., Douglas, C., et al.(2013). Further specification of the leader political skill-leadership effectiveness relationships: Transformational and transactional leader behavior as mediators. *Leadership Quarterly*, 24, 516-533.
Gardner, W.L., & Avolio, B.J.(1998). The charismatic relationship: A dramaturgical perspective. *Academy of Management Review*, 23, 32-58.
Gioia, D.A., & Chittipeddi, K.(1991). Sensemaking and sensegiving in strategic change initiation.

Strategic Management Journal, 12, 433–448.

Harrison, T.M., Timothy, D., & Fehr, B.J.(1991). Images versus issues in the 1984 presidential election. *Human Communication Research*, 18(2), 209–227.

Iyengar, S., & Kinder, D.R.(1987). *News that matters: Television and American opinion*. Chicago: University of Chicago Press.

Jacobs, L.R., & Shapiro, R.Y.(1994). Issue, candidate image, and priming: The use of private polls in Kennedy's 1960 presidential campaign. *American Political Science Review*, 88(3), 527–540.

McDonnell, M.H., & King, B.(2013). Keeping up appearances: Reputational threat and impression management after social movement boycotts. *Administrative Science Quarterly*, 58, 387–419.

Mehrabian, A.(1981). *Silent messages*. Belmont, CA: Wadsworth.

Pfeffer, J.(1981). Management as symbolic action: The creation and maintenance of organizational paradigms. In L.L. Cummings, & B. M. Staw(Eds.), *Research in Organizational Behavior*, Vol. 3.(pp. 1–52). Greenwich, CT: JAI Press.

Schwab, K.(2003). *The fourth industrial revolution*. 송경진 옮김(2016). 『클라우스 슈밥의 제4차 산업 혁명』. 새로운 현재.

Sosik, J.J., Avolio, B.J., & Jung, D.I.(2002). Beneath the mask: Examining the relationship of self–presentation attributes and impression management to charismatic leadership. *Leadership Quarterly*, 13, 217–242.

Sullivan, D.G., & Masters, R.D.(1988). 'Happy Warriors': Leaders' facial displays, views' emotions, and political support. *American Journal of Political Science*, 32(2), 345–368.

Tuckle, P.S. & Tejara, F.(1983). Changing patterns in American behavior, 1914–1980. *Public Opinion Quarterly*, 47, 230–246.

Zavyalova, A., Pfarrer, M.D., Reger, R.K., & Shapiro, D.L.(2012). Managing the message: The effects of firm actions and industry spillovers on media coverage following wrongdoing. *Academy of Management Journal*, 55, 1079–1101.

김주희 국제매너 이미지 연구소 http://blog.daum.net/hs7005/6707264

한국MBTI연구소 http://www.mbti.co.kr/

http://article.joinsmsn.com/news/article/article.asp?total_id=6111878&cloc=olink|article|default

http://ask.nate.com/knote/view.html?num=172985

http://blog.daum.net/coseacommunity/23

http://blog.joinsmsn.com/media/folderListSlide.asp?uid=iseek&folder=95&list_id=10876968

http://blog.naver.com/amadas_?Redirect=Log&logNo=20009842328

http://blog.naver.com/aparys?Redirect=Log&logNo=30117512132
http://blog.naver.com/dressraum?Redirect=Log&logNo=130113282577
http://blog.naver.com/ginibs?Redirect=Log&logNo=100131054876
http://blog.naver.com/jinchowoo?Redirect=Log&logNo=80007480110
http://blog.naver.com/pjyzzin?Redirect=Log&logNo=40136304175
http://blog.naver.com/PostView.nhn?blogId=myjinhee00&logNo=100119135527
http://blog.naver.com/PostView.nhn?blogId=sn12shiyo&logNo=80148139919
http://blog.naver.com/PostView.nhn?blogId=wolfji&logNo=30091133991&redirect=Dlog&widgetTypeCall=true
http://blog.naver.com/ppangsujin?Redirect=Log&logNo=60097253386
http://blog.naver.com/qhdend?Redirect=Log&logNo=40125786544
http://blog.naver.com/wooar88?Redirect=Log&logNo=80134747309
http://bohee218.blog.me/30088176136
http://boom.naver.com/1/20050429222516937
http://cafe.daum.net/crewnews/3vSq
http://cafe.daum.net/hotelscout/em5/
http://cafe.daum.net/nikewing/JXOP/16763?docid=16vEc|JXOP|16763|20081122033959&srchid=IIMQt bpd100#A1207888705142.JPG
http://cafe.daum.net/sorabolstern/ATrr/18?srchid=IIMDuTFd000#A4.bmp
http://cafe.naver.com/allformoment.cafe?iframe_url=/ArticleRead.nhn%3Farticleid=1667&
http://dailycosmetic.com/news/view.html?section=80&category=255&no=155983
https://deliverance.tistory.com/164
http://ko.wikipedia.org/wiki
http://ko.wikipedia.org/wiki/다례#.EC.B0.A8_.EC.A4.80.EB.B9.84
http://lovelyminute.tistory.com/13
http://lovetoon.net
http://media.daum.net/culture/fashion/view.html?cateid=100025&newsid=20120112114410529&p=yonhap
http://media.daum.net/culture/others/view.html?cateid=1026&newsid=20110902071415800&p=akn
http://mm.co.kr/category
http://weddingholic.tistory.com
http://www.goldqueen.co.kr/Shop
http://www.goldqueen.co.kr/Shop

http://www.hansik.org/contents/clinical.do
http://www.hansik.org/contents/servings.do
http://www.hansik.org/contents/sort.do
http://www.sb-global.com/?doc=bbs/gnuboard.php&bo_table=m24&page=8&wr_id=31
http://www.yes24.com/24/goods/3947224
www.clipartkorea.co.kr

[네이버 지식백과] 개인 이미지 관리(이미지 관리, 2016.06.25. 유재웅)
[네이버 지식백과] 이미지가 이끌어 가는 미래 (이미지 관리, 2016.06.25., 유재웅)

찾아보기

저자 소개

지희진

금호아시아나 인력개발원, 한양여자대학교 예절서비스센터에서 연구원, 비서인재과 겸임교수로 활동하며 다양한 기업체 프로그램을 개발하고 강의하여 주목받았다. 또 한국철도공사에서 서비스 컨설턴트로 활동하면서 각 주요역과 KTX 승무원 및 열차 내의 서비스 수준을 향상시키고 (주)한화투자증권에서는 빠르게 변화하는 금융업종의 고객만족(Customer Satisfaction)을 정착시킨바 있다. 현장 접점 경험을 바탕으로 대학에서 인성과 서비스 품성 및 사회적경제와 가치에 관련한 교과목을 가르치고 있다. 다양한 외부 활동으로 법정언행 컨설턴트(대법원 소속 재판판사 컨설팅), 직업능력심사평가원 심사평가위원, 인사혁신처 국가고시 시험위원, 고양시 공무원 교육 등을 진행하고 있다. 한양대학교에서 경영학사, 숭실대학교에서 경영학 석 · 박사학위를 취득하였다. 현재는 중부대학교 학생성장교양학부 교수로 재직 중이며 사회봉사지원센터장을 겸임하고 있다.

리셋 이미지 메이킹

1판 1쇄 인쇄 2022년 3월 7일
1판 1쇄 발행 2022년 3월 10일

저　　자 - 지희진
발 행 인 - 강철원
발 행 처 - 양성원
주　　소 - 경기도 파주시 검산로 173번길 29-20
전　　화 - 031-946-3861(代)
팩　　스 - 031-946-3864
이 메 일 - tnwpub@naver.com
홈페이지 - tnwpub.co.kr
출판등록 - 2015년 8월 31일 제 2015-000211 호

ISBN 979-11-6126-424-0

정가 20,000원